MAKIROBI弁当
マキロビ

野菜、玄米、豆類……おいしくて、ヘルシー！
手軽に作れるマクロビオティック

後藤 麻希

WHAT IS MAKIROBI BENTO？

マキロビ弁当とは？

1 肉、魚、乳製品、白い砂糖、卵は使わない

NO MEAT, NO FISH, NO MILK, NO EGG

マキロビ弁当は、マクロビオティックをベースにした身体も心も元気になれるお弁当。
メニューは肉や魚、乳製品、精製された白い砂糖、卵を使わず、穀物、野菜、豆や海藻が中心です。
肉の代わりに、大豆などの豆類をタンパク源として使い、
季節ごとに旬の食材を取り入れ、素材そのものの味をおいしくいただきます。

 玄米が主食

STAPLE FOOD IS BROWN RICE

マクロビオティックにはひとつの素材を丸ごと食べるという考え方があり、
玄米を中心とした未精製の穀物をいただきます。
マキロビ弁当のご飯は、ビタミンやミネラル、食物繊維が豊富な玄米が基本です。
ときどき黒米や雑穀米などを混ぜて色や食感に変化をつけています。

いろいろな味を詰める

VARIOUS TASTES

ケータリングで作るお弁当は注文の内容によって品数を変えていますが、
本書のお弁当は作りやすいように、メインおかず1種と、副菜3〜4種にしました。
一度にたくさんの味を食べられるほうがうれしいので、
ひとつのお弁当の中に、甘いもの、酸っぱいもの、辛いものなど
いろいろな味つけのおかずを入れるようにしています。
調味料は素材の甘味や旨味を生かした分量にしているため、
新鮮でおいしい野菜を選ぶことが大切です。

 仕切りを使わず、色鮮やかに

NO PARTITION & COLORFUL

身体にやさしいおかずは茶系が多くて地味になりがちですが、
マキロビ弁当は野菜の色を生かした華やかな盛りつけを意識しています。
おかずが茶色くても赤や緑の野菜をポイントに添えるだけで、
ぐっと見栄えがよくなるので、ぜひお試しください。
盛りつけにはカップなどの仕切りはほとんど使いません。
汁気が気になるときは、下に葉野菜を敷いたり、ご飯の上にのせたりすればOK。
仕切りがないからこそ、自由に盛りつけを楽しむことができます。

5 気軽に作りましょう！

LET'S TRY !

難しく思われがちなマクロビオティックですが、本書のレシピは、
なるべくスーパーなどで購入できる身近な食材を選び、おいしく作れる方法を紹介しています。
どれも手軽に作れるものばかりなので、マクロビオティックの料理がはじめてでも大丈夫。
まずは気になったレシピから作ってみてください。週に1回でもOK。
無理なく自分のペースで、日々の食事に取り入れてみましょう。

CONTENTS

マキロビ弁当とは？ — 2
本書の使い方／あると便利な彩り野菜 — 8

part 1 定番おかずを集めた マキロビ弁当

1 大豆ミートの唐揚げ弁当 — 10
- 大豆ミートの唐揚げ 甘酢漬け — 11
- かぼちゃ煮 — 12
- あらめの炒め煮 — 12
- ズッキーニナムル — 13
- れんこんの甘酢漬け — 13

2 車麩のくるみフライ弁当 — 14
- 車麩のくるみフライ — 15
- ひじきサラダ — 16
- おかひじきと枝豆のカレー豆乳マヨあえ — 16
- かぼちゃのきんぴら — 17

3 かぼちゃコロッケ弁当 — 18
- かぼちゃコロッケ — 19
- 生春巻き — 20
- カリフラワーのホワイトソース — 21
- バジルペンネ — 21

4 たかきびハンバーグ弁当 — 22
- たかきびハンバーグ — 23
- にんじんラペ — 24
- アボカドとほうれん草の海苔ごまあえ — 24
- きのことれんこんサラダ — 25

5 たかきび麻婆豆腐丼弁当 — 26
- たかきび麻婆豆腐 — 27
- きのこソテー — 28
- 青梗菜のオイル蒸し — 29
- パプリカのバルサミコソテー — 29

6 ベジつくねの照り焼き弁当 — 30
- ベジつくねの照り焼き — 31
- 春菊とえのきのごまあえ — 32
- かぼちゃサラダ — 32
- 春雨炒め — 33

7 豆腐ステーキ丼弁当 — 34
- 豆腐ステーキ — 35
- アスパラ蒸し炒め — 36
- ペコロスとヤングコーン炒め — 36
- 紅心大根の塩麹あえ — 37
- ほうれん草のくるみあえ — 37

8 油揚げのカラフル野菜巻き弁当 — 38
- 油揚げのカラフル野菜巻き — 39
- おかひじきあえ — 40
- 野菜のマリネ — 40
- 切り干し大根のごまマヨあえ — 41

9 車麩の竜田揚げ弁当 — 42
- 車麩の竜田揚げ — 43
- 柿とかぶのサラダ — 44
- 大学いも — 45
- ほうれん草のピーナツバターあえ — 45

10 ひよこ豆の春巻き弁当 — 46
- ひよこ豆の春巻き — 47
- 春菊といちじくのサラダ — 48
- 枝豆のポテトサラダ — 48
- なすといんげんのカレー炒め — 49

11 玄米海苔巻き弁当 — 50
- 玄米海苔巻き — 51
- 新しょうがの甘酢漬け — 52
- スティックセニョールナムル — 52
- 根菜の煮物 — 53
- おからナゲット — 53

12 おにぎり弁当 — 54
- おにぎり — 55
- ふろふき大根 — 56
- さつまいも煮 — 56
- モロヘイヤのおひたし — 57
- ごまコロッケ — 57

part 2　お弁当に彩りを添える おかず & ご飯もの

メインのおかず

テンペかつ ― 62
和風ラタトゥイユ ― 63
豆腐ハンバーグ ― 64
車麩の酢豚 ― 65
高野豆腐のチンジャオロース ― 66
サモサ ― 67

野菜のおかず

焼きねぎのマリネ ― 68
紫キャベツのマリネ ― 68
小松菜とえのきのナムル ― 69
アボカドと枝豆のナムル ― 69
さつまいものメープルマスタード ― 70
柿と春菊の白あえ ― 70
新じゃがの豆乳ヨーグルト ― 71
かぶときゅうりの梅ダレあえ ― 71
なすとピーマンといんげんの甘辛炒め ― 72
なすとズッキーニのバジル炒め ― 72
きんぴらごぼう ― 73
大根甘酒ソテー ― 73
季節のプレスサラダ ― 74
ホットサラダ ― 74
根菜の唐揚げ ― 75
生麩の天ぷら ― 75

豆のおかず

紫花豆煮 ― 76
大豆サラダ ― 76
レッドキドニービーンズとかぼちゃのホットサラダ ― 77
照り焼きテンペ ― 77

海藻のおかず

れんこんとひじきのマスタードサラダ ― 78
ひじきとほうれん草のあえもの ― 78
自家製なめたけ ― 79
昆布の佃煮 ― 79

炊き込みご飯

とうもろこしご飯 ― 80
根菜の炊き込みご飯 ― 80
枝豆とひじきのご飯 ― 81
甘栗としめじの炊き込みご飯 ― 81

保存できる万能調味料

白あえ衣／いちじくの白あえ ― 83
麺つゆ／なすの揚げ出し ― 84
甘酒ねぎソース／おにぎり ― 85
フレンチメープルドレッシング／フルーツサラダ ― 86
玉ねぎドレッシング／蒸し野菜 ― 87
田楽みそ／田楽なす ― 88

COLUMN 1　玄米の炊き方 ― 58
COLUMN 2　出汁の取り方 ― 60
COLUMN 3　お弁当の詰め方 ― 89

MAKIROBIについて ― 90
基本の調味料 ― 92
食材別おかずINDEX ― 94

あると便利な彩り野菜

おかずの色が地味なときでも、赤系の野菜を加えるだけで盛りつけが美しくまとまります。マキロビ弁当でよく使うのは、トレビス、紅心大根、ラディッシュ。生で食べられるので、ちょっと添えるのに便利です。

〈本書の使い方〉
・大さじ1＝15㎖、小さじ1＝5㎖、1カップ＝200㎖です。
・保存期間は目安です。食材の鮮度や季節により異なるので表示の期間を目安に判断してください。

Part 1

定番おかずを集めた

マクロビ弁当

美しい色とりどりの野菜が詰まった、身体にうれしいマクロビ弁当。唐揚げやコロッケ、ハンバーグや麻婆豆腐など、和洋中の人気のおかずを集めた12種のお弁当を紹介します。

MAKIROBI BENTO
CASE 1

大豆ミートの唐揚げ弁当

メニュー	詰め方
◎大豆ミートの唐揚げ 甘酢漬け ◎かぼちゃ煮　◎あらめの炒め煮 ◎ズッキーニナムル　◎れんこんの甘酢漬け ◎玄米 ◎飾り（かぼす、スプラウト、ベビーリーフ、ラディッシュ、銀杏）	ご飯と大豆ミートの唐揚げを詰め、 かぼすのスライス、スプラウトをのせます。 かぼちゃ煮、れんこんの甘酢漬け、 あらめの炒め煮を詰め、ご飯にかかるように ズッキーニナムルを詰めます。 隙間にベビーリーフ、ラディッシュを詰め、 ご飯の上に銀杏をのせます。

大豆ミートの唐揚げ 甘酢漬け

大豆ミートを使って
唐揚げを作ると
お肉のような食感に。
熱いうちにタレに漬けて
味をしみ込ませます。

材料(2人分)
大豆からあげ —— 50g
A｜しょうゆ —— 大さじ1
　｜しょうがのすりおろし
　｜　—— 小さじ½
B｜出汁(p.60) —— 100㎖
　｜酢 —— 75㎖
　｜しょうゆ —— 大さじ1
　｜酒 —— 大さじ1
　｜てんさい糖 —— 大さじ3
　｜塩 —— 小さじ⅓
C｜小麦粉 —— 大さじ1½
　｜片栗粉 —— 大さじ1½
揚げ油（菜種油）—— 適量
かぼす・ベビーリーフ —— 各適宜

保存 冷蔵庫で2〜3日

作り方
1　大豆からあげは80℃の湯に30分ほど浸けてもどす。
2　Aを混ぜ、水気を絞った1を入れて1時間ほど漬ける（前日に漬けておいてもOK）。
3　鍋にBを入れて火にかけ、煮立つ前に火を止めて冷ます。
4　2の汁気を軽く絞り、合わせたCを全体にまぶし、180℃の油できつね色になるまで揚げる。
5　4の唐揚げを熱いうちに3の漬け汁に浸す。冷蔵庫に数時間おいて味をなじませる。好みでかぼすのスライス、ベビーリーフを添える。

材料図鑑 ｜ 大豆からあげ

湯でもどすと肉のような食感になることから「大豆ミート」と呼ばれる大豆加工食品。低カロリー、高タンパク質で、食物繊維やミネラルなども豊富。さまざまな種類があり、ここではブロックタイプの「大豆からあげ」を使用。

かぼちゃ煮

かぼちゃの甘味を生かしたやさしい味わい。
煮崩れするので煮すぎないように注意しましょう。

材料（4人分）
かぼちゃ —— 1/4個
水 —— 適量
てんさい糖 —— 大さじ1
薄口しょうゆ —— 小さじ1
塩 —— 小さじ1

作り方
1. かぼちゃは皮に固い部分があれば削ぎ落とす。3～4cm角に切り、面取りする（好みでしなくてもよい）。
2. 鍋にかぼちゃを隙間なく並べ、水をひたひたになるまで加え、中火にかける。煮立ってきたらてんさい糖を加え、落としぶたをして3～4分煮る。
3. 薄口しょうゆ、塩を加え、さらに4～5分煮る。竹串を刺してすっと通れば、火を止める。冷まして味を含ませる。

保存 冷蔵庫で2～3日

あらめの炒め煮

あらめのしっかりとした歯ごたえが味わえます。
最初にごま油で炒めてコクを出すのがポイントです。

材料（3～4人分）
あらめ —— 1袋（28g）
出汁（p.60） —— 25ml
しょうゆ —— 大さじ1
みりん —— 大さじ1
ごま油 —— 大さじ1

作り方
1. あらめは水に5分ほど浸してもどし、さっと洗う。
2. フライパンにごま油を入れて熱し、水気をきったあらめを入れて中火で炒める。油がまわったら、出汁を加え、汁気が少なくなるまで煮る。
3. しょうゆ、みりんを加え、強めの中火で汁気がなくなるまで煮詰める。

保存 冷蔵庫で3日

材料図鑑 | あらめ

昆布科の海藻。低カロリーで鉄分や食物繊維などが豊富。昆布より柔らかく、煮物や炒め物など幅広く使える。

ズッキーニナムル

にんにく風味のきいた食欲をそそる味。
ご飯にのせて食べてもおいしいです。

材料(1〜2人分)
ズッキーニ —— 1本
塩 —— ひとつまみ
にんにくのすりおろし —— 小さじ½
薄口しょうゆ —— 小さじ1
すりごま(白) —— 大さじ1
ごま油 —— 大さじ1

作り方
1 ズッキーニは薄い輪切りにする。
2 フライパンにごま油を入れて熱し、1のズッキーニを入れ、塩をふって中火で炒める。
3 火が通ったら、にんにく、薄口しょうゆを加えてさっと炒め、火を止めてすりごまを混ぜる。

保存 冷蔵庫で2日

れんこんの甘酢漬け

れんこんのシャキシャキとした食感と、
甘酸っぱい味が箸休めにぴったりです。

材料(作りやすい分量)
れんこん —— 200g
A | 出汁(p.60) —— 125㎖
　| 酢 —— 60㎖
　| てんさい糖 —— 大さじ2½
赤唐辛子の輪切り —— 適宜

作り方
1 れんこんは皮をむいて4〜5㎜厚さの半月切りにし、切ったものから水に浸ける。
2 1のれんこんを沸騰した湯で3分ほどゆで、ざるに上げて冷ます。
3 鍋にAを入れて火にかけ、てんさい糖が溶けたら火を止める。冷めたら、好みで赤唐辛子を入れる。
4 3の甘酢に2のれんこんを漬け、冷蔵庫で2〜3時間以上おく。

保存 冷蔵庫で1週間

MAKIROBI BENTO
CASE 2

車麩のくるみフライ弁当

メニュー

◎車麩のくるみフライ
◎ひじきサラダ
◎おかひじきと枝豆のカレー豆乳マヨあえ
◎かぼちゃのきんぴら　◎玄米
◎飾り（トレビス、ベビーリーフ、ラディッシュ）

詰め方

ご飯を詰め、
トレビスを敷いて車麩のくるみフライ、
ひじきサラダを詰めます。
ご飯の上にかぼちゃのきんぴら、
おかひじきと枝豆のカレー豆乳マヨあえをのせます。
ベビーリーフ、ラディッシュのスライスを
ところどころに散らします。

車麩のくるみフライ

パン粉にくるみを混ぜて
食感と香りをプラス。
下味をつけているので、
何もつけずに、そのまま
食べられます。

材料（2人分）
全粒車麩 …… 2個
A ｜水 …… 大さじ1
　｜しょうゆ …… 大さじ1
B ｜パン粉 …… 30g
　｜くるみ（刻んだもの）
　｜　…… 20g
小麦粉・水 …… 各大さじ4
揚げ油（菜種油）…… 適量
ケール・ラディッシュ・くるみ
　…… 各適宜

衣は小麦粉と水を1:1の割合で混ぜて作ります
（トロッとするくらいが目安）。足りなければ同
量ずつ加えて調整。

保存　冷蔵庫で2日

作り方
1　車麩は水に浸してもどす。
2　Aを混ぜ、水気を絞った1を入れて1時間ほど漬ける。
3　Bはバットなどに入れて混ぜておく。小麦粉と水を混ぜ合わせて衣を作る。
4　2の車麩を軽く汁気を絞って半分に切り、衣にくぐらせる。Bをまぶし、170〜180℃の油で色よく揚げる。好みでケール、ラディッシュを添え、手で割ったくるみを散らす。

材料図鑑　｜　全粒車麩

車麩は、小麦粉に含まれるグルテンを主原料とした加工食品「麩」をドーナツ状に焼いたもの。全粒小麦粉を使用した車麩は、普通のものよりも小麦の風味や香ばしさがあるのが特徴。もっちりとした食感で、肉の代わりにもなる。

ひじきサラダ

おかひじきと枝豆の カレー豆乳マヨあえ

れんこんを加えてボリュームのあるサラダに。
赤玉ねぎのほどよい辛味がアクセントになります。

材料(4人分)
乾燥ひじき —— 20g	しょうゆ —— 小さじ1
赤玉ねぎ —— 1/8個	みりん —— 小さじ1
れんこん —— 70g	玉ねぎドレッシング(p.87、または好みのドレッシング)
塩 —— 少々	菜種油 —— 適量
A 出汁(p.60) —— 50ml	ラディッシュ —— 適宜

作り方
1 ひじきは水に20~30分浸けてもどし、さっと洗って水気をきる。赤玉ねぎは薄切りにし、塩を軽くまぶす。れんこんは薄くスライスし、蒸すかゆでる。
2 鍋に菜種油を入れて熱し、ひじきを入れて中火で炒める。油がまわったら**A**を加え、煮汁が少なくなるまで炒め、火を止めて冷ます。
3 ボウルに冷めたひじき煮、水気を絞った赤玉ねぎ、れんこんを入れ、ドレッシングであえる。好みでスライスしたラディッシュを添える。

保存 冷蔵庫で2~3日(ドレッシングはかけない)

歯ごたえのよいあえものです。
味が全体に行き渡るように数回に分けてあえましょう。

材料(2~3人分)
おかひじき —— 100g	**A** 豆乳マヨネーズ —— 大さじ1 1/2
枝豆(さや入り) —— 200g	カレー粉 —— 小さじ1/4
塩 —— 適量	薄口しょうゆ —— 小さじ1/4
	塩 —— 小さじ1/4

作り方
1 おかひじきは洗い、根元に固い部分があれば切る。沸騰した湯でさっとゆで、平らなざるなどに広げて冷まし、食べやすい大きさに切る。
2 枝豆は塩少々をまぶして洗い、沸騰した湯に塩ひとつまみを入れ、3分ゆでる。ざるに上げて冷まし、さやから豆を取り出す。
3 ボウルに**A**を入れて混ぜ、**1**のおかひじきを数回に分けて加えてからめ、枝豆も同様に加えてあえる。

保存 冷蔵庫で2~3日

かぼちゃのきんぴら

かぼちゃは棒状に切るとポリポリした食感に。
甘辛いきんぴらはご飯がすすみます。

材料（4人分）
かぼちゃ —— 250g
A │ しょうゆ —— 大さじ2/3
　│ みりん —— 大さじ1 1/2
　│ 水 —— 大さじ3
　│ 赤唐辛子の輪切り —— 少々
ごま油 —— 大さじ1 1/2

作り方
1　かぼちゃは薄切りにしてから斜めに棒状に切る。Aは混ぜ合わせておく。
2　フライパンにごま油を入れて熱し、かぼちゃを中火で炒める。火が通ったらAを加え、焦げつかないように混ぜながら汁気がなくなるまで煮詰める。

保存　冷蔵庫で3日

材料図鑑

おかひじき

海岸の砂地に自生する緑黄色野菜。食感がよくて栄養価も高い。

材料図鑑

豆乳マヨネーズ

卵や化学調味料を使わず、大豆で作ったマヨネーズ風調味料。

MAKIROBI BENTO CASE 3

かぼちゃコロッケ弁当

メニュー
◎かぼちゃコロッケ
◎生春巻き
◎カリフラワーのホワイトソース
◎バジルペンネ　◎黒米入り玄米
◎飾り（ベビーリーフ、スプラウト、柿、ミニトマト）

詰め方

ご飯とかぼちゃコロッケを詰め、
切り口を上にして生春巻きを並べます。
カリフラワーのホワイトソース、
バジルペンネを詰めます。
おかずとご飯の間にベビーリーフで仕切りを作り、
ご飯の上にスプラウト、一口大に切った柿、
ミニトマトをのせます。

かぼちゃコロッケ

玉ねぎはよく炒めて甘味を引き出します。かぼちゃはつぶすとき少しかたまりを残すとおいしいです。

材料（4人分）

- かぼちゃ —— 400g
- 玉ねぎ —— 50g
- 麦みそ —— 小さじ1
- 菜種油 —— 小さじ1
- 小麦粉・水 —— 各適量
- パン粉 —— 適量
- 揚げ油（菜種油）—— 適量
- ベビーリーフ・スプラウト・ミニトマト —— 各適宜

衣は小麦粉と水を1:1の割合で混ぜて作ります（トロッとするくらいが目安）。

保存　冷蔵庫で2日

作り方

1. かぼちゃは小さめの一口大に切り、柔らかくなるまで蒸したら、つぶして冷ます。玉ねぎはみじん切りにする。
2. フライパンに菜種油を入れて熱し、玉ねぎを中火で炒め、きつね色になったら麦みそを加えて混ぜる。
3. 1のかぼちゃと2の玉ねぎを混ぜ合わせ、食べやすい大きさに丸める。
4. 小麦粉と水を同量ずつ混ぜて衣を作り、3をくぐらせ、パン粉をまぶす。170〜180℃の油で色よく揚げる。好みでベビーリーフ、スプラウト、半分に切ったミニトマトを添える。

生春巻き

紅心大根とラディッシュを一番下にすると見た目も美しく仕上がります。野菜は旬のものや好きなものをどうぞ。

材料(4人分)

- 生春巻きの皮 —— 2枚
- 紅心大根(薄くスライスしたもの) —— 6枚
- ラディッシュ(薄くスライスしたもの) —— 8枚
- アボカド —— 1/4個
- 紫キャベツ —— 適量
- グリーンリーフ —— 適量
- 無糖柿ジャム(なければ無糖あんずジャムなど) —— 大さじ2
- 米酢 —— 大さじ2
- イタリアンパセリ・ミニトマト —— 各適宜

作り方

1 アボカドは皮をむいて棒状に切り、紫キャベツはせん切りにし、グリーンリーフは大きめにちぎる。ジャムと米酢は混ぜ合わせる。

2 袋の表示通りにもどした生春巻きの皮に紅心大根、ラディッシュを並べ、グリーンリーフをのせ、米酢と合わせたジャムを塗る。上に紫キャベツ、アボカドをのせ、くるくる巻く。好みでイタリアンパセリ、ミニトマトを添える。食べるときに好みの長さに切る。

保存 当日中に食べきる

カリフラワーのホワイトソース

マヨネーズとヨーグルトを混ぜるだけでホワイトソース風に。くるみの食感もポイントです。

材料(3～4人分)
カリフラワー …… 1株
塩 …… ひとつまみ
オリーブオイル …… 適量
A｜豆乳マヨネーズ(p.17) …… 大さじ1
　｜豆乳ヨーグルト …… 大さじ1
くるみ(細かく刻んだもの) …… 適量

作り方
1 カリフラワーは食べやすい大きさに切り、蒸す。塩をまぶし、オリーブオイルをまわしかける。Aは混ぜ合わせる。
2 カリフラワーが冷めたらAとあえ、くるみを散らす。

保存 冷蔵庫で2～3日

▎**材料図鑑**｜豆乳ヨーグルト
砂糖や乳製品不使用で、豆乳を植物性乳酸菌で発酵させたもの。酸味が少なく、なめらかで料理にも使いやすい。

バジルペンネ

バジルペーストはミキサーで簡単に作れます。ペンネは味がからみやすいフジッリを使いました。

材料(4人分)
ペンネ(フジッリなど好みのもの) …… 200g
バジルの葉 …… 25g
A｜松の実 …… 60g
　｜白みそ …… 大さじ½
　｜塩 …… 小さじ½
　｜オリーブオイル …… 100mℓ
　｜にんにく(軽く焼いたもの) …… 1片
バジルの葉(飾り用) …… 適宜

作り方
1 Aをミキサーに入れてなめらかになるまで撹拌し、バジルの葉をちぎり入れ、再度ペースト状になるまで撹拌する。
2 ペンネは袋の表示通りにゆでてざるに上げ、1のバジルペースト大さじ6とあえる(余ったバジルペーストは冷蔵保存)。好みでバジルの葉を飾る。

保存 冷蔵庫で2～3日

21

MAKIROBI BENTO CASE 4

たかきびハンバーグ弁当

メニュー

- ◎たかきびハンバーグ
- ◎にんじんラペ
- ◎アボカドとほうれん草の海苔ごまあえ
- ◎きのことれんこんサラダ　◎もち麦入り玄米
- ◎飾り（ベビーリーフ、トレビス、紅心大根、ラディッシュ、スプラウト）

詰め方

ご飯とたかきびハンバーグを詰め、アボカドとほうれん草の海苔ごまあえ、にんじんラペ、きのことれんこんサラダを詰めます。隙間にベビーリーフ、トレビス、スライスして丸めた紅心大根を詰め、ラディッシュのスライス、スプラウトを中央にのせます。

たかきびハンバーグ

たかきびのもちもちした食感は、まるでひき肉のよう。表面をカリッと香ばしく焼きましょう。

材料（2人分）

- たかきび —— 150g（炊いたもの、下記）
- 玉ねぎ —— 1/4個
- まいたけ —— 1パック
- にんにくのみじん切り —— 小さじ1
- パン粉 —— 15g
- A
  - しょうゆ —— 小さじ1/2
  - 白みそ —— 小さじ2
  - 塩 —— 小さじ1/2
  - こしょう —— 少々
- オリーブオイル —— 適量
- れんこんの素揚げ・ベビーリーフ・ラディッシュ —— 各適宜

保存 3の状態でラップに包み、冷蔵庫で2日

作り方

1. 玉ねぎ、まいたけはみじん切りにする。
2. フライパンにオリーブオイル、にんにくを入れて弱火にかけ、香りが出てきたら、1を入れて炒める。しんなりしてきたらAを加えて混ぜ、冷ましておく。
3. たかきび、パン粉、2の野菜をボウルに入れ、全体がまとまるまでこね、食べやすい大きさに成形する。
4. フライパンにオリーブオイルを入れて熱し、3を並べて両面をよく焼く。好みでれんこんの素揚げ、ベビーリーフ、ラディッシュのスライスを添える。

〈たかきびの炊き方〉

たかきびは目の細かいざるに入れて洗う。鍋にたかきびと水（たかきびの重量の1.2倍量）、塩ひとつまみ入れて火にかけ、煮立ったら弱火で10～15分焦げつかないように炊く。

材料図鑑 | たかきび

アフリカ生まれの赤褐色の雑穀。日本ではモロコシとも呼ばれる。食物繊維、マグネシウムや鉄分が豊富で、便秘や貧血予防などにも効果的。炊くと見た目も食感もひき肉のようになり、いろいろな料理に使える。

にんじんラペ

お弁当の彩りにも重宝するラペ。
できるだけ細く切ると味がなじみやすいです。

材料(4人分)
にんじん —— 中2本
A｜白ワインビネガー —— 大さじ2
　｜オリーブオイル —— 大さじ1
塩・こしょう —— 各少々
くるみ —— 適宜

作り方
1 にんじんはチーズおろしでするか包丁でせん切りにしてボウルに入れ、塩をもみ込み、水分が出るまでおく。Aは混ぜ合わせておく。
2 1のにんじんの水分をしっかりと絞り、Aを加えて味をなじませる(冷蔵庫に一晩くらいおいたほうがおいしい)。こしょうをかけ、好みで砕いたくるみを散らす。

保存 冷蔵庫で3〜4日

アボカドとほうれん草の海苔ごまあえ

海苔の風味とアボカドの濃厚なコクが
ごまあえを少し贅沢な味にしてくます。

材料(2〜3人分)
アボカド —— ½個
ほうれん草 —— ½束
海苔(全形) —— ½枚
A｜すりごま(白) —— 大さじ2
　｜しょうゆ —— 小さじ1弱
　｜みりん —— 小さじ½
　｜てんさい糖 —— 小さじ½

作り方
1 ほうれん草はさっとゆでて冷水に取り、水気をよく絞って3cm長さに切る。
2 アボカドは皮をむいて食べやすい大きさに切る。
3 すり鉢(またはボウル)にAを入れてすり混ぜ、1と2を加えてあえる。海苔を刻み、散らす。

保存 当日中に食べきる

きのことれんこんサラダ

きのこにしっかり味をつけることでおいしいサラダに。
好みでドレッシングをかけても。

材料(2〜3人分)
好みのきのこ(しめじ、まいたけなど)
　── 100gくらい
れんこん ── 100gくらい
好みの葉野菜(ハーブ、トレビスなど)
　── 適量
塩 ── 少々
オリーブオイル ── 適量

作り方
1 れんこんは薄切りにする。フライパンにオリーブオイルを多めに入れて熱し、れんこんを重ならないように入れて素揚げにし、軽く塩をふる。
2 別のフライパンにオリーブオイルを入れて熱し、きのこを入れて塩をふり、中火で焼く。
3 よく洗って水気をきった葉野菜の上に2のきのこと1のれんこんをのせる。

保存 当日中に食べきる

MAKIROBI BENTO
CASE 5

たかきび麻婆豆腐丼弁当

メニュー

- ◎たかきび麻婆豆腐　◎きのこソテー
- ◎青梗菜(チンゲンサイ)のオイル蒸し
- ◎パプリカのバルサミコソテー　◎玄米
- ◎飾り(ベビーリーフ、紅心大根、ラディッシュ)

詰め方

ご飯を詰め、上にたかきび麻婆豆腐、青梗菜のオイル蒸し、きのこソテー、パプリカのバルサミコソテーをのせます。
お弁当箱の縁にベビーリーフ、スライスして丸めた紅心大根、ラディッシュのスライスを詰めます。

たかきび麻婆豆腐

辛くない、
やさしい味の麻婆豆腐です。
2種類のみそを混ぜると
コクと風味が増します。

材料(2人分)

- 木綿豆腐 —— 1丁
- たかきび —— 100g
  (炊いたもの、p.23)
- 長ねぎ —— 1本
- 干ししいたけ —— 2枚
- にんにく —— 1片
- しょうが —— 1片
- A
  - 干ししいたけのもどし汁 —— 200mℓ
  - しょうゆ・みりん —— 各大さじ2/3
  - 麦みそ・豆みそ —— 各大さじ1
  - 塩 —— 小さじ1/3
- くず粉・水 —— 各小さじ1
- 万能ねぎ —— 適量
- ごま油 —— 適量
- 芽ねぎ —— 適宜

保存 冷蔵庫で2日

作り方

1. 豆腐は水きりしておく。長ねぎは粗みじん切り、にんにく、しょうがはみじん切りにする。干ししいたけは水200mℓでもどし、さいの目切りにする。もどし汁は取っておき、Aを合わせておく。
2. フライパンにごま油を入れて熱し、にんにく、しょうがを入れて香りが出るまで中火で炒める。
3. 長ねぎを加えてしんなりするまで炒め、干ししいたけ、たかきび、Aを加えて弱火で5分煮る。
4. 豆腐をさいの目に切って3に加え、豆腐が温まるまで煮る。
5. くず粉と水を合わせて4に加え、とろみをつける。刻んだ万能ねぎを散らし、好みで芽ねぎをのせる。

きのこソテー

きのこは大きめに裂くと食べごたえのあるおかずに。
あまり動かさずにしっかり焼き目をつけましょう。

材料（2～3人分）
好みのきのこ（まいたけ、はなびらたけなど）…… 100～150g
塩・黒こしょう …… 各適量
オリーブオイル …… 大さじ1½

作り方
1 きのこはそれぞれ食べやすい大きさに手で裂く。
2 フライパンにオリーブオイルを入れて熱し、きのこを入れて塩をふり、ふたをして中火で2分ほど蒸す。
3 ふたを取ってきのこをひっくり返し、水分が出ていたら火を強めてとばし、焼き目がつくように2分ほどソテーする。仕上げに黒こしょうをふる。

保存 当日中に食べきる

青梗菜のオイル蒸し

青梗菜をオイルで蒸すだけ。
しっとり、みずみずしく仕上がります。

材料（4人分）
青梗菜 —— 1株
塩 —— ひとつまみ
こしょう —— 少々
ごま油 —— 大さじ1

作り方
1 青梗菜は根元をよく洗い、葉がバラバラにならないように注意して根元の固い部分だけを切り落とす。根元に十字に切り込みを入れる。
2 フライパンにごま油を入れて熱し、1の青梗菜を入れて塩、こしょうをふり、ふたをして弱火で両面2〜3分蒸し煮にする。

| 保存 | 当日中に食べきる |

パプリカのバルサミコソテー

蒸したパプリカは甘味があっておいしい。
バルサミコ酢を加えると深みのある味になります。

材料（2人分）
パプリカ（黄・赤）—— 各½個
A｜バルサミコ酢 —— 小さじ1
　｜しょうゆ —— 小さじ½
オリーブオイル —— 大さじ1

作り方
1 パプリカは縦に1cm幅くらいに切る。Aを混ぜ合わせる。
2 フライパンにオリーブオイルを入れて熱し、パプリカを入れ、ふたをして弱火で蒸す。しんなりしてきたら、Aを加えてからめる。

| 保存 | 冷蔵庫で2〜3日 |

材料図鑑 | バルサミコ酢

有機栽培されたぶどうの果汁を煮詰めて発酵、熟成させた果実酢。甘味とコクがある。熟成期間によって種類はさまざま。

29

MAKIROBI BENTO
CASE 6

ベジつくねの照り焼き弁当

メニュー
◎ベジつくねの照り焼き
◎春菊とえのきのごまあえ
◎かぼちゃサラダ　◎春雨炒め
◎黒米入り玄米
◎飾り(笹の葉、紅心大根、芽ねぎ、ミニトマト、ラディッシュ)

詰め方

ご飯を詰め、笹の葉を敷き、ベジつくねの照り焼きを詰めます。お弁当箱の縁にスライスした紅心大根を立てて並べ、春雨炒め、かぼちゃサラダ、春菊とえのきのごまあえを詰めます。ベジつくねの上に芽ねぎをのせ、隙間に半分に切ったミニトマトを詰めます。ご飯にかかるようにラディッシュのスライスをのせます。

ベジつくねの照り焼き

ひよこ豆がたっぷり入った、ご飯に合う照り焼き。
れんこんのすりおろしがつなぎの役目をします。

材料(5個分)

ひよこ豆(ゆでたもの) —— 200g
れんこん —— 100g
長ねぎ —— 1本
A| みそ —— 小さじ2
　| しょうがのすりおろし —— 1片分
　| 小麦粉 —— 大さじ2

B| しょうゆ・酒・みりん —— 各大さじ1

煎りごま(白) —— 適量
菜種油 —— 適量
芽ねぎ —— 適宜

保存 1の状態でラップに包み、冷蔵庫で2日

作り方

1　ひよこ豆はつぶし、れんこんはすりおろす。長ねぎはみじん切りにする。以上をボウルに入れ、**A**を加えてよく混ぜ、5等分にして小判形に丸める。

2　フライパンに菜種油を入れて熱し、1を並べて中火で焼く。両面に焼き色がついたら、合わせた**B**をまわし入れて煮からめる。ごまをふり、好みで芽ねぎをのせる。

春菊とえのきのごまあえ

春菊はゆでると苦味がやわらぎ、食べやすくなります。
えのきと合わせ、食感のよいごまあえに。

材料(4人分)
春菊 —— 1束
えのきだけ —— 1袋
A | すりごま(白) —— 大さじ2
　| しょうゆ —— 小さじ1
　| みりん —— 小さじ½

作り方
1　春菊は根元を切り落として3cm長さくらいに切り、さっとゆでて冷ましておく。
2　えのきだけは根元を切り落として3等分に切り、さっとゆでて冷ましておく。
3　すり鉢(またはボウル)に**A**を入れてすり混ぜ、水気をしっかり絞った**1**と**2**を少しずつ加えてあえる。

保存　冷蔵庫で1～2日

かぼちゃサラダ

お弁当が華やかになるサラダ。
アーモンドが味や見た目のポイントになります。

材料(4人分)
かぼちゃ —— 350g
塩 —— 小さじ¼
豆乳マヨネーズ(p.17) —— 大さじ2
スライスアーモンド —— 10～15g

作り方
1　かぼちゃは一口大に切って蒸し、熱いうちにつぶす。塩、豆乳マヨネーズを加えて混ぜ、スライスアーモンドをのせる。

保存　冷蔵庫で3日

春雨炒め

具だくさんの炒め物です。
春雨に味を含ませるように炒め煮にします。

材料(2~3人分)
春雨 ── 25g
にんじん ── 5cm
玉ねぎ ── 1/4個
にら ── 1/2束
にんにく ── 少々
A │ 出汁(p.60) ── 40㎖
　│ しょうゆ ── 大さじ2
　│ みりん ── 大さじ1
すりごま(白) ── 適量
ごま油 ── 大さじ1

作り方
1 春雨は湯でもどし、水気を絞って食べやすい長さに切る。
2 にんじんは細切り、玉ねぎは薄切り、にらは3cm長さに切り、にんにくはみじん切りにする。
3 フライパンにごま油を入れて熱し、にんにくを入れて香りが出たら、にんじん、玉ねぎ、にらの順に加えて中火で炒め、火が通ったら春雨を加える。Aを加えて汁気がなくなるまで炒め煮にし、ごまをかける。

保存 冷蔵庫で2~3日

メニュー
◎豆腐ステーキ　◎アスパラ蒸し炒め ◎ペコロスとヤングコーン炒め ◎紅心大根の塩麹あえ ◎ほうれん草のくるみあえ　◎黒米入り玄米 ◎飾り（スプラウト、すだち、ミニトマト、トレビス、ベビーリーフ）

詰め方
ご飯を詰め、上に豆腐ステーキをのせ、スプラウト、すだちのスライス、切ったミニトマトをのせます。もうひとつの器にトレビスを敷き、アスパラ蒸し炒め（穂先はご飯の上にのせる）を詰めます。ペコロスとヤングコーン炒め、紅心大根の塩麹あえ、ほうれん草のくるみあえを詰め、ベビーリーフをのせます。

豆腐ステーキ

豆腐を揚げて
ステーキのようにいただきます。
タレの味がしっかりしているので
ご飯に合います。

材料（4人分）
木綿豆腐…… 1丁
A｜しょうゆ…… 大さじ1
　｜酒…… 大さじ1
　｜みりん…… 大さじ1
　｜てんさい糖…… 大さじ1
　｜出汁（p.60）…… 大さじ2/3
　｜玉ねぎのすりおろし…… 20g
　｜しょうがの絞り汁…… 小さじ2/3
片栗粉…… 適量
揚げ油（菜種油）…… 適量
スプラウト・ミニトマト…… 各適宜

保存 タレは冷蔵庫で3〜4日

作り方
1 豆腐はペーパータオルに包んでしっかりと水きりし、厚さを半分に切り、さらに2等分に切る。
2 Aは混ぜ合わせておく。
3 1の豆腐に片栗粉をまぶし、170〜180℃の油で揚げる。
4 フライパンにAを入れ、3の揚げ豆腐を並べ、タレにとろみがつくように熱しながらからめる。好みでスプラウト、半分に切ったミニトマトを添える。

アスパラ蒸し炒め

アスパラのみずみずしい食感を味わって。
シンプルだけど満足度の高い一品です。

材料（2人分）
グリーンアスパラガス …… 2本
塩 …… ひとつまみ
こしょう …… 適量
オリーブオイル …… 適量

作り方
1 アスパラガスは根元の固い部分の皮を数cmピーラーでむき、2～3等分に切る。
2 フライパンにオリーブオイルを入れて熱し、アスパラガスを並べて塩をふり、ふたをして中火で2分蒸す。
3 ふたを取ってアスパラガスを軽く炒め、仕上げにこしょうをふる。

保存 当日中に食べきる

ペコロスとヤングコーン炒め

小ぶりな野菜はお弁当に盛りつけやすくて便利です。
焼き目も旨味になるので、しっかり焼きましょう。

材料（2人分）
ペコロス …… 2個
ヤングコーン …… 2本
塩・黒こしょう …… 各少々
オリーブオイル …… 適量

作り方
1 フライパンにオリーブオイルを入れて熱し、横に半分に切ったペコロス、縦に半分に切ったヤングコーンを入れ、塩をふり、ふたをして中火で2分蒸す。
2 ふたを取り、野菜をひっくり返して焼き目がつくまで焼き、黒こしょうをふる。

保存 当日中に食べきる

紅心大根の塩麹あえ

紅心大根に塩麹をまぶすだけの手軽なあえもの。
彩りにも活躍するので作っておくと重宝します。

材料（3〜4人分）
紅心大根 …… 150g
塩麹 …… 大さじ2

作り方
1 紅心大根は薄いいちょう切りにし、塩麹を
  まぶす。冷蔵庫に数時間おき、汁気が出た
  ら軽く絞る。

保存 冷蔵庫で3〜4日

ほうれん草のくるみあえ

くるみの食感やみその風味でおかず感が増します。
ほうれん草の水気はよく絞ってからあえましょう。

材料（3〜4人分）
ほうれん草 …… 1束
くるみ …… 15g
白みそ …… 大さじ1
薄口しょうゆ …… 小さじ1

作り方
1 ほうれん草はさっとゆでて冷水に取り、水
  気をきって食べやすい長さに切る。
2 すり鉢にくるみを入れてつぶし（または包丁
  で砕く）、白みそと薄口しょうゆを加えて混
  ぜる。
3 1のほうれん草を水気をよく絞り、2に3回く
  らいに分けて加え、あえる。

保存 当日中に食べきる

MAKIROBI BENTO
CASE 8

油揚げのカラフル野菜巻き弁当

メニュー	詰め方
◎油揚げのカラフル野菜巻き ◎おかひじきあえ ◎切り干し大根のごまマヨあえ ◎野菜のマリネ　◎玄米(ゆかりを散らす) ◎飾り(リーフレタス、紅心大根、ベビーリーフ、ラディッシュ、マスカット)	ご飯を詰め、リーフレタスを敷いて紅心大根のスライスを立て、油揚げのカラフル野菜巻きを切り口を上にして詰めます。切り干し大根のごまマヨあえ、おかひじきあえを詰めます。ベビーリーフを仕切りにして野菜のマリネを詰め、ラディッシュのスライス、半分に切ったマスカットをのせます。

油揚げのカラフル野菜巻き

みそを塗った油揚げで野菜をたっぷり巻きます。弱火でじっくり香ばしく焼き上げてください。

材料(8個分)
油揚げ —— 2枚
きゅうり —— 1/2本
にんじん —— 1/3本
長ねぎ —— 3/4本
青じそ —— 5枚
麦みそ —— 小さじ2
紅心大根・ベビーリーフ —— 各適宜

保存　当日中に食べきる

作り方
1 油揚げは袋を包丁で開き、内側にみそを薄く塗る。
2 野菜はそれぞれせん切りにし(長さを合わせるとよい)、1の油揚げの中へ順番に入れてくるくる巻き、両端を楊枝で留める。
3 フライパンを熱し、2を入れて全体に焼き色がつくまで弱火で焼く。楊枝を取り、それぞれ4等分に切る。好みで紅心大根のスライス、ベビーリーフを添える。

おかひじきあえ

シャキシャキとした食感のよいおかひじき。
ごまの風味で箸がどんどんすすみます。

材料（2〜3人分）
おかひじき（p.17）—— 100g
A | 塩 —— 小さじ¼
　| ごま油 —— 大さじ⅔
　| 薄口しょうゆ —— 小さじ1
　| 煎りごま（白） —— 大さじ1
糸唐辛子 —— 適宜

作り方
1 おかひじきは洗い、根元に固い部分があれば切る。沸騰した湯でさっとゆで、平らなざるなどに広げて冷まし、食べやすい大きさに切る。
2 ボウルにAを入れて混ぜ、おかひじきを加えてあえる。好みで糸唐辛子をのせる。

保存 冷蔵庫で2日

野菜のマリネ

素揚げにしてから漬けると甘味やコクが増します。
野菜は季節のものでアレンジしてみてください。

材料（2〜3人分）
なす —— 1本
ズッキーニ —— 1本
ミニトマト —— 2個
A | バルサミコ酢（p.29） —— 大さじ1
　| 米酢 —— 大さじ1
　| てんさい糖 —— 小さじ1
　| 塩 —— 小さじ⅛
　| オリーブオイル —— 少々
揚げ油（菜種油） —— 適量

作り方
1 なすとズッキーニは1cm厚さの輪切りにし、ミニトマトは半分に切る。
2 Aを混ぜ合わせ、マリネ液を作る。
3 なすとズッキーニを素揚げにし、熱いうちに2のマリネ液に漬ける。ミニトマトも加え、冷蔵庫に数時間おく。

保存 冷蔵庫で5〜6日

切り干し大根の
ごまマヨあえ

ごまとマヨネーズの
組み合わせは相性抜群。
太めの切り干し大根を使うと
ボリュームが出ます。

材料（4人分）
切り干し大根 —— 30g
出汁（p.60） —— 300㎖
しょうゆ —— 大さじ⅔
みりん —— 大さじ⅔
にんじん —— 30g
きゅうり —— 35g
A 白練りごま —— 大さじ1
　豆乳マヨネーズ（p.17）
　　—— 大さじ1
　麺つゆ（p.84） —— 大さじ⅔

作り方
1 切り干し大根は出汁に浸してもどし、そのまま鍋に入れる。ふたをして火にかけ、煮立ったらしょうゆ、みりんを加えて中火で汁気がなくなるまで煮る。
2 にんじん、きゅうりはせん切りにする。ボウルにAを入れて混ぜ、1の切り干し大根と切った野菜を加えてあえる。

保存 冷蔵庫で2〜3日

材料図鑑 | 切り干し大根

細切りの大根を天日干ししたもの。太く切った「割り干し大根」もある。凝縮された旨味と歯ごたえが味わえる。

車麩の竜田揚げ弁当

メニュー

◎車麩の竜田揚げ
◎柿とかぶのサラダ
◎ほうれん草のピーナツバターあえ
◎大学いも　◎玄米
◎飾り（トレビス、スプラウト、すだち、ミニトマト）

詰め方

ご飯を詰め、
トレビスを敷いて車麩の竜田揚げを詰め、
スプラウト、すだちのスライスをのせます。
柿とかぶのサラダ、
ほうれん草のピーナツバターあえを詰め、
ご飯にかかるように大学いもをのせます。
隙間に半分に切ったミニトマトを詰めます。

車麩の竜田揚げ

下味をつけた車麩をカリッと揚げた竜田揚げ。
ソースは好みのものを合わせてもおいしいです。

材料（2人分）

全粒車麩（p.15）── 2個
A｜水 ── 100㎖
　｜しょうゆ ── 大さじ1
　｜しょうがの絞り汁 ── 小さじ½
片栗粉 ── 適量
甘酒ねぎソース（p.85）── 適量
揚げ油（菜種油）── 適量
スプラウト・すだち ── 各適宜

保存 当日中に食べきる

作り方

1　車麩は水に浸けてもどし、水気を絞る。混ぜ合わせたAに1時間ほど漬けて下味をつける。
2　1の車麩の汁気を軽く絞って半分に切り、片栗粉をまぶす。
3　170～180℃の油でカリッと揚げ、甘酒ねぎソースをかける。好みでスプラウト、すだちのスライスを添える。

柿とかぶのサラダ

フルーティーでデザートのようなサラダ。
柿のおいしい時期にぜひ作ってみてください。

材料（4人分）
柿 —— 1個
かぶ —— 小1〜2個
りんご酢 —— 大さじ1
塩 —— 適量

作り方
1 柿とかぶは薄切りにし、かぶに塩を軽くまぶしておく。
2 ボウルに水気をきった柿とかぶ、りんご酢を入れて混ぜる。

保存 冷蔵庫で2〜3日

材料図鑑

りんご酢

有機栽培のりんご果汁を100％使い、発酵させたフルーツビネガー。さわやかな甘酸っぱい風味がサラダによく合う。

大学いも

メープルシロップのソースをとろりとかけて。おかずにはもちろん、おやつにもどうぞ。

材料（2〜3人分）
さつまいも —— 250g
メープルシロップ —— 50g
水 —— 大さじ1
煎りごま（黒）—— 適量
揚げ油（菜種油）—— 適量

作り方
1 さつまいもは約1cm厚さに切り、水（分量外）にさらして水気をよくきり、160〜180℃の油で色よく揚げる（徐々に温度を上げて様子を見る）。
2 フライパンにメープルシロップと水を入れて中火にかけ、とろみが出てきたら、揚げたさつまいもを加えてからめ、仕上げにごまをかける。

保存 冷蔵庫で3〜4日

ほうれん草のピーナツバターあえ

見た目はシンプルですが、くせになるおいしさです。ピーナツバターは無糖のものを使ってください。

材料（3〜4人分）
ほうれん草 —— 1束
ピーナツバター（無糖、粒なし）—— 大さじ1
薄口しょうゆ —— 小さじ½

作り方
1 ほうれん草はさっとゆでて冷水に取り、水気を絞り、食べやすい長さに切る。
2 すり鉢（またはボウル）にピーナツバター、薄口しょうゆを入れて混ぜ合わせ、ほうれん草を加えてあえる。

保存 当日中に食べきる

材料図鑑 | ピーナツバター
ピーナツをペースト状にしたもの。砂糖や塩などが不使用の、100％ピーナツを原料とした粒なしタイプを使用。

MAKIROBI BENTO CASE 10

ひよこ豆の春巻き弁当

メニュー

◎ひよこ豆の春巻き　◎春菊といちじくのサラダ
◎枝豆のポテトサラダ
◎なすといんげんのカレー炒め
◎雑穀米入り玄米
◎飾り（チコリ、ミニトマト、紅心大根）

詰め方

ご飯を詰め、
チコリを敷いてひよこ豆の春巻きを詰め、
ひとつは切り口を見せます。
枝豆のポテトサラダを詰めてミニトマトをのせ、
ご飯にかかるように春菊といちじくのサラダ、
なすといんげんのカレー炒めをのせます。
隙間にスライスして丸めた紅心大根を詰めます。

ひよこ豆の春巻き

かめばかむほどおいしい、
具だくさんの春巻き。
冷凍保存もできるので
作りおきもおすすめです。

材料（4人分）

ひよこ豆（ゆでたもの）
　　　60g
玉ねぎ　90g
生しいたけ　50g
たけのこ（水煮）　70g
春雨　25g
A｜オイスターソース
　　　大さじ1
　｜しょうゆ　大さじ1
　｜みりん　大さじ1
　｜出汁(p.60)　大さじ3
春巻きの皮　4枚
菜種油　適量
揚げ油（菜種油）　適量
春菊の葉　適宜

保存 揚げる前の状態で冷凍庫で3週間

作り方

1. 玉ねぎ、しいたけは薄切りにし、たけのこはせん切りにする。
2. ゆでたひよこ豆は熱いうちにつぶし、春雨はゆでて食べやすい長さに切る。
3. フライパンに菜種油を熱し、**1**の野菜を炒める。しんなりしてきたら、ひよこ豆、春雨、**A**を加えて炒め合わせ、バットに入れて粗熱を取る。
4. 春巻きの皮に**3**をのせて巻き、170〜180℃の油でこんがり揚げる。好みで春菊の葉を添える。

材料図鑑 ｜ **オイスターソース**

国内産の牡蠣エキスで作られた無添加、化学調味料不使用のものを使用。加えるだけで奥深い味になる。

47

春菊といちじくのサラダ

枝豆のポテトサラダ

春菊の葉は柔らかく、生で食べてもおいしいです。
いちじくの甘味を引き立ててくれます。

材料(4人分)
春菊 …… ½束
いちじく …… 1個
A｜白ワインビネガー …… 小さじ1
　｜塩 …… 小さじ⅔
　｜オリーブオイル …… 大さじ⅔

作り方
1. 春菊は葉の部分をちぎって水にさらす。いちじくは皮をむいて薄切りにする。
2. ボウルに**A**を入れて混ぜ、しっかり水気をきった春菊を加えてあえる。最後にいちじくを加えてざっくり混ぜる。

保存 当日中に食べきる

おなじみのポテトサラダに枝豆をプラス。
彩りと食感のアクセントにもなります。

材料(4人分)
じゃがいも …… 大2個(約450g)
赤玉ねぎ …… ¼個
塩 …… 小さじ½
枝豆(さや入り) …… 100g
豆乳マヨネーズ(p.17) …… 大さじ2
無調整豆乳 …… 大さじ1
黒こしょう …… 少々

作り方
1. じゃがいもは皮をむき、水とともに鍋に入れて中火にかける。竹串がすっと通るくらい柔らかくなるまでゆでたら、水分をとばして粉ふきいもにし、熱いうちにつぶす。
2. 赤玉ねぎは薄くスライスし、塩をまぶしておく。枝豆はゆでてさやから豆を取り出す。
3. ボウルに豆乳マヨネーズと豆乳を入れて混ぜ、**1**のじゃがいもと水気をきった赤玉ねぎを加えて混ぜ、枝豆も加えて混ぜる。黒こしょうをふる。

保存 冷蔵庫で2〜3日

なすといんげんのカレー炒め

野菜は素揚げにするので、さっと炒める程度でOK。
カレー粉は最初に油で炒めて香りを出します。

材料（2人分）
なす —— 1本
さやいんげん —— 4本
カレー粉 —— 小さじ½
塩 —— 少々
薄口しょうゆ —— 小さじ½
菜種油 —— 大さじ½
揚げ油（菜種油）—— 適量

作り方
1 なすは1.5cm角に切り、いんげんは2〜3cm長さに切り、ともに素揚げにする。
2 フライパンに菜種油を入れて熱し、塩とカレー粉を混ぜたものを入れて弱火で炒め、香りが出てきたら1を加えてからめ、薄口しょうゆをまわしかける。

保存 冷蔵庫で1〜2日

MAKIROBI BENTO CASE 11

玄米海苔巻き弁当

メニュー	詰め方
◎玄米海苔巻き ◎新しょうがの甘酢漬け ◎スティックセニョールナムル ◎根菜の煮物　◎おからナゲット ◎飾り（芽ねぎ、ラディッシュ、マスカット、紅心大根、笹の葉）	玄米海苔巻きは切り口を上にして詰め、芽ねぎをのせます。おからナゲットを詰め、間にラディッシュのスライスをはさみます。スティックセニョールナムル、根菜の煮物を詰め、半分に切ったマスカット、スライスして丸めた紅心大根をのせます。端に笹の葉で仕切りを作り、新しょうがの甘酢漬けを詰めます。

玄米海苔巻き（みそきのこ、つぶし大豆とアボカド）

行楽弁当にもぴったりの華やかな海苔巻きです。濃厚なみそ味とまろやかなマヨネーズ味の2種を紹介します。

材料（4人分）
玄米（炊いたもの1本分）
　―― 200g
黒米入り玄米
　（炊いたもの1本分）
　―― 200g
A｜梅酢 ── 大さじ2
　｜米飴 ── 大さじ1
好みのきのこ
　（しめじ、エリンギなど）
　―― 100gくらい
B｜八丁みそ ── 大さじ1
　｜出汁（p.60）
　｜　―― 大さじ1
　｜みりん ── 小さじ1½
青じそ ── 2〜3枚
大豆（つぶしたもの）── 100gくらい
アボカド ── ¼個
豆乳マヨネーズ（p.17）── 大さじ1
海苔（全形）── 2枚
菜種油 ── 適量
煎りごま（白）── 適量
芽ねぎ・かぼす ── 各適宜

保存 当日中に食べきる

作り方

1. **A**は混ぜ合わせ、玄米、黒米入り玄米にそれぞれ半量ずつ加えて混ぜ、酢飯にする。
2. フライパンに菜種油を入れて熱し、きのこ（しめじはほぐし、エリンギは一口大に切る）を中火で炒める。しんなりしてきたら**B**を加えて炒め合わせる。
3. アボカドは縦に切り、つぶした大豆は豆乳マヨネーズとあえる。
4. 巻きすの上に海苔をのせ、黒米入り玄米を広げる。**2**のきのこ、せん切りにした青じそをのせて巻く。一口大に切ってごまをかける。
5. **4**と同じ要領で巻きすの上に海苔、玄米、**3**の大豆とアボカドをのせて巻く。一口大に切り、好みで芽ねぎ、かぼすのスライスを添える。

新しょうがの甘酢漬け

お弁当にあるとうれしい「ガリ」。
新しょうがが出まわる時期にぜひお試しください。

材料（作りやすい分量）
新しょうが —— 100g
塩 —— 少々
A｜水 —— 50㎖
　｜米酢 —— 50㎖
　｜てんさい糖 —— 大さじ1½
　｜塩 —— 小さじ⅓

作り方
1 新しょうがは薄切りにする。沸騰した湯で2～3分ゆで、ざるに上げて塩をふり、冷ます。
2 鍋にAを入れて火にかけ、温まったら火を止めて冷ます。
3 2に1の新しょうがを漬け、冷蔵庫で2～3時間以上（できれば1日）おく。

保存 冷蔵庫で1週間ほど

スティックセニョールナムル

スティックセニョールは茎が長いブロッコリー。
ポリポリとした歯ごたえを味わってください。

材料（2人分）
スティックセニョール —— 1袋
A｜にんにくのすりおろし —— 少々
　｜薄口しょうゆ —— 小さじ½
　｜塩 —— 小さじ¼
　｜ごま油 —— 大さじ1

作り方
1 スティックセニョールは食べやすい長さに切り、沸騰した湯でゆで、ざるに上げて水気をきる。
2 ボウルにAを入れて混ぜ合わせ、1を加えてあえる。

保存 冷蔵庫で2～3日

根菜の煮物

煮物にすれば野菜をたくさん食べられます。
しみじみおいしい和風の味つけです。

材料(2〜3人分)

にんじん —— 100g
ごぼう —— 1本
れんこん —— 70g
生しいたけ —— 2枚
こんにゃく —— 100g
塩 —— 少々
さやいんげん —— 2本
出汁(p.60) —— 100mℓ
A｜みりん・しょうゆ・酒
　　—— 各大さじ⅔
ごま油 —— 大さじ1

作り方

1 にんじんとごぼうは乱切りにし、れんこんはいちょう切りにし、さやいんげんは3〜4cm長さの斜め切りにする。それぞれ下ゆでしておく。
2 しいたけは2〜3等分に切る。こんにゃくは塩をまぶしてから湯通しし、一口大に切る。
3 鍋にごま油を入れて熱し、いんげん以外の野菜とこんにゃくを入れて中火で炒め、出汁を加える。煮立ってきたらAを加え、中〜弱火で煮汁がなくなるまで炒め煮にする。最後にいんげんを飾る。

保存 冷蔵庫で2〜3日

おからナゲット

おからと豆腐のヘルシーな揚げ物です。
塩味がついていますが、
好みのソースをかけてもおいしくいただけます。

材料(3〜4人分)

A｜おから —— 100g
　｜木綿豆腐 —— 50g
　｜片栗粉 —— 大さじ1
　｜豆乳マヨネーズ(p.17) —— 大さじ1
　｜塩 —— 小さじ½
揚げ油 —— 適量
ラディッシュ・チコリ —— 各適宜

作り方

1 ボウルにAの材料を入れて混ぜ、3〜4等分にして丸め、焼き色がつくまで油で揚げる。好みでラディッシュのスライス、チコリを添え、トマトソースなどをかけていただく。

保存 当日中に食べきる

MAKIROBI BENTO
CASE 12

おにぎり弁当

メニュー	詰め方

メニュー
◎おにぎり ◎ふろふき大根
◎さつまいも煮
◎モロヘイヤのおひたし
◎ごまコロッケ
◎飾り（カリフフラワー、いちじく、トレビス、クレソン、山椒の実）

詰め方
3種のおにぎりを盛りつけます。
ごまコロッケを半分に切って、
ひとつは切り口を見せて詰めます。
ふろふき大根、さつまいも煮をおにぎりの脇にのせ、
モロヘイヤのおひたしを小さな容器に入れて詰めます。
隙間にゆでたカリフラワー、切ったいちじく、トレビス、
クレソン、山椒の実を詰めます。

おにぎり（とろろ昆布、しそと紅心大根、わかめと白ごま）

とろろ昆布をのせたり、赤しそや、わかめ、ごまを混ぜたり。
簡単に作れる3種類のおにぎりです。

材料（3個分）
玄米（炊いたもの）―― 210gくらい
とろろ昆布 ―― 適量
赤しそ ―― 適量
紅心大根のスライス ―― 1枚
塩 ―― 少々
塩蔵わかめ ―― 適量
煎りごま（白）―― 適量
薄口しょうゆ ―― 適量

保存 当日中に食べきる

作り方

とろろ昆布
おにぎりを作り、とろろ昆布をのせる。

しそと紅心大根
ご飯に赤しそを混ぜ、おにぎりを作る。塩をふっておいた紅心大根を小さく切り、上にのせる。

わかめと白ごま
塩蔵わかめは水に浸けて塩抜きし、さっと湯にくぐらせて水にさらし、水気を絞ってみじん切りにする。ご飯にわかめとごま、薄口しょうゆを混ぜ、おにぎりを作る。

ふろふき大根

大根は水からゆっくり煮て中まで柔らかくします。
こっくりとした田楽みそをかけて。

材料(1人分)
大根 —— 1.5cm
田楽みそ(p.88) —— 適量
煎りごま(白) —— 適量

作り方
1 大根は皮をむく。鍋に入れて水をひたひたになるまで加え、10～15分くらい弱火で竹串がすっと通るくらいまで煮る。
2 田楽みそをかけ、ごまをふる。

保存 当日中に食べきる

さつまいも煮

さつまいもをてんさい糖で煮たシンプルな煮物。
やさしい甘さがホッとする味わいです。

材料(4人分)
さつまいも —— 1本
てんさい糖 —— 大さじ1
水 —— 適量

作り方
1 さつまいもは1cm厚さの輪切りにして水にさらし、沸騰した湯で2～3分ゆでる。
2 小鍋に1のさつまいもを入れて水をひたひたになるまで加え、てんさい糖も加え、弱火で5分ほど煮て冷ます。

保存 冷蔵庫で2～3日

モロヘイヤのおひたし

ネバネバした食感がおいしいモロヘイヤ。
葉と茎を分けてゆでるのがポイントです。

材料（3〜4人分）
モロヘイヤ —— 1束
A｜出汁（p.60）—— 100ml
　｜薄口しょうゆ —— 小さじ2
　｜塩 —— 小さじ¼

作り方
1. モロヘイヤは葉をちぎり、茎は下の固い部分を取り除き、上の部分は食べやすい長さに切る。沸騰した湯に茎を入れて40秒ほどゆで、葉を加えてさらに20秒ほどゆで、ざるに上げる。冷水に取り、しっかり水気を絞る。
2. ボウルにAを入れて混ぜ合わせ、1を加えて混ぜ、冷蔵庫で20〜30分おく。

保存 冷蔵庫で1〜2日

ごまコロッケ

ごまをまぶして揚げた香ばしいコロッケ。
ころんとして、見た目もかわいく仕上がります。

材料（4個分）
かぼちゃ —— ¼個　　煎りごま（白）—— 適量
みりん —— 大さじ1　揚げ油（菜種油）—— 適量
しょうゆ —— 大さじ1　ベビーリーフ —— 適宜
小麦粉・水 —— 各適量

衣は小麦粉と水を1:1の割合で混ぜて作ります（トロッとするくらいが目安）。

作り方
1. かぼちゃは一口大に切り、小鍋に入れて水をひたひたになるまで加え、中火にかける。沸いてきたら、みりん、しょうゆを順に加え、柔らかくなるまで煮る。竹串を刺してすっと通ったら水分をとばし、熱いうちにつぶし、4等分にして丸める。
2. 小麦粉と水を同量ずつ混ぜて衣を作り、1をくぐらせて周りにごまをまんべんなくまぶす。170〜180℃の油でカラッと揚げる。好みでベビーリーフを添える。

保存 当日中に食べきる

雑穀米入り
MULTIGRAIN RICE

玄米
BROWN RICE

黒米入り
BLACK RICE

COLUMN

玄米の炊き方

マキロビ弁当に欠かせない玄米。
圧力鍋を使うと、ふっくら、もっちりと炊き上がります。
黒米や雑穀米など、好みで他の穀物をブレンドしてみてください。

材料（2〜3人分）

玄米…2合
水…430〜540㎖（米の1.2〜1.5倍）
塩…ふたつまみ（玄米1合に対してひとつまみ）

＊水の量は米の種類、炊き上がりの
　かたさの好みで調整してください。
＊炊飯器の場合、水加減や炊き方は
　説明書の指示に従ってください。

〈圧力鍋について〉

ドイツのキッチンウェアブランド「WMF（ヴェーエムエフ）」のものを使用。圧力鍋のメーカーによって火にかける時間は異なるので、適宜調整してください。

1 洗う

玄米をざるに入れ、水を張ったボウルに入れる。1〜2回水を替えながら、両手でこすり合わせるようにしてやさしく洗う。
＊傷んだ玄米やもみ殻が水に浮いてきたら取り除きます。

2 浸水する

ボウルに玄米とたっぷりの水を入れ、夏季は6〜7時間、冬季は8〜12時間ほどおく。
＊暑い日は冷蔵庫に入れておくなど、状況に合わせて調整してください。

3 ざるに上げる

2の玄米をざるに上げ、10分ほどおく。
＊しっかりと水気をきります。

4 圧力鍋に入れる

3の玄米と分量の水を圧力鍋に入れ、塩を加える。

5 炊く

ふたをして強火にかけ、圧がかかったら、弱火にして20分ほど炊く。火からおろして10〜15分蒸らし、圧力が抜けたらふたを開ける。
＊火にかける時間は鍋の種類や季節によって調整します。

6 天地を返す

しゃもじを十字に入れて4分割し、ひとかたまりずつ底から返していく。
＊あれば、おひつに移すと玄米から出る水分が吸収され、よりおいしく食べられます。
＊保存するときは、冷めた玄米を小分けにしてラップで包み、保存袋に入れて冷凍。食べるときは蒸し器で温め直します。

玄米にプラスする穀物

玄米に黒米や雑穀米、もち麦を混ぜると、色や食感に変化がつきます。

＊圧力鍋に玄米と一緒に入れ、水の量を少し多めにして炊きます。炊き方の詳細は袋の表示に従ってください。

黒米
古代米の一種。眼精疲労などによい「アントシアニン」を含み、ビタミンやミネラルも豊富。

雑穀米
粟や大麦など数種類の穀物をブレンドしたもの。五穀米や十六穀米などいろいろな種類がある。

もち麦
大麦の一種。粘り気ともちもちの食感が特徴。整腸作用などがある水溶性食物繊維が豊富。

水 WATER　　昆布 KELP　　干ししいたけ DRIED SHIITAKE

COLUMN 2

出汁の取り方

きちんと取った出汁の旨味は料理の隠し味。マキロビ弁当では昆布と干ししいたけの出汁を基本としています。火にかけて煮出す方法と、水出しの方法があるので好みで選んでください。冷蔵庫で2〜3日保存できるので、時間のあるときに作っておきましょう。

材料（作りやすい分量）
昆布…5cm×10cm
干ししいたけ…2枚
水…800ml

煮出す場合
1　鍋に水と昆布、干ししいたけを入れて中火にかけ、沸騰直前に昆布を取り出す。
2　10〜15分ほど弱火で煮出す。

水出しの場合
ポットなどの容器に水を入れ、昆布と干ししいたけを浸けて一晩おく。

Part 2

お弁当に彩りを添える

おかず
&
ご飯もの

野菜や豆などを使ったおかずと、見た目にも華やかな炊き込みご飯を紹介します。ここから好きなものを組み合わせてお弁当に詰めてみてください。お弁当にはもちろん、夕飯やおつまみにもおすすめです。

メインのおかず　MAIN NO OKAZU

テンペかつ

大豆を発酵させた「テンペ」を揚げてとんかつ風に。
トマトソースなど、好きなソースをかけていただきます。

材料(2～3人分)
- テンペ …… 1枚
- 小麦粉・水 …… 各適量
- パン粉 …… 適量
- 揚げ油(菜種油) …… 適量
- スティックセニョール・ペコロス …… 各適宜

衣は小麦粉と水を1:1の割合で混ぜて作ります(トロッとするくらいが目安)。

作り方
1 テンペは食べやすい大きさに切る。
2 小麦粉と水を同量ずつ混ぜ合わせて衣を作る。
3 1のテンペを2の衣にくぐらせ、パン粉を全体にまぶし、170～180℃の油でカリッとするまで揚げる。好みでゆでたスティックセニョール、半分に切ってソテーしたペコロスを添える。

保存 当日中に食べきる

材料図鑑 | テンペ

ゆでた大豆を「麹」の一種であるテンペ菌で発酵させたインドネシア発祥の発酵食品。良質なタンパク質をたくさん含み、消化にもよい。味は納豆に似ているが、匂いやくせがなくて食べやすい。好きな大きさに切って使う。

和風ラタトゥイユ

夏野菜をたっぷり使った、おなじみの煮込み料理です。
みそを加えて和風のおかずにアレンジしました。

材料(4人分)

トマト —— 200g
玉ねぎ —— 1/2個
ズッキーニ —— 2/3本
なす —— 1/2本
パプリカ(赤・黄)
 —— 各1/4個
にんにく —— 2片
塩 —— ひとつまみ
酒 —— 25mℓ
麦みそ —— 大さじ1/2
オリーブオイル
 —— 大さじ1
バジルの葉 —— 1枚

保存 冷蔵庫で2〜3日

作り方

1 トマトはざく切り、玉ねぎはくし形切り、ズッキーニとなすは1cm厚さの輪切り、パプリカは2cm角に切り、にんにくはみじん切りにする。
2 鍋にオリーブオイルとにんにくを入れて熱し、トマト以外の野菜を入れて中火で炒める。
3 油がまわったら塩、酒を加え、上にトマトをのせる。麦みそを加え、ふたをして弱火で煮込む。
4 火が通ったらふたをあけ、汁気が少なくなるまで煮詰める。仕上げにバジルの葉をのせる。

豆腐ハンバーグ

豆腐は裏ごしをすることで、なめらかな口あたりに。
大和いもを加えると、ふんわり、ねっとりした食感になります。

材料(4人分)

木綿豆腐 —— ½丁
にんじん —— 40g
玉ねぎ —— 40g
生しいたけ —— 1枚
大和いも —— 25g
片栗粉 —— 大さじ1
A|麦みそ —— 小さじ1
 |塩 —— 小さじ¼

B|しょうゆ —— 大さじ1
 |酒 —— 大さじ1
 |みりん —— 大さじ1
 |てんさい糖 —— 大さじ1
菜種油 —— 適量
好みのハーブ —— 適宜
大根おろし —— 適宜

保存 当日中に食べきる

作り方

1 木綿豆腐は水きりをしてから、裏ごしをする。
2 にんじん、玉ねぎ、しいたけはみじん切りにする。
3 フライパンに菜種油を入れて熱し、2の野菜を入れて中火で炒める。しんなりしてきたらAを加えてさらに炒め、冷ましておく。
4 大和いもは皮をむいてボウルの中にすりおろし、片栗粉、1の豆腐を加えて混ぜる。3も加えてこね、食べやすい大きさに成形する。
5 フライパンに菜種油を入れて熱し、4を両面に焼き色がつくまで中火で焼き、合わせたBを加えてからめる。好みでハーブ、大根おろしを添える。

車麩の酢豚

揚げた車麩がジューシーで食べごたえがあります。
仕上げにごま油を加えることでコクと香りをプラス。

材料(2～3人分)

- 全粒車麩(p.15) —— 2個
- しょうゆ —— 小さじ2
- みりん —— 小さじ2
- にんじん —— 1/2本
- 玉ねぎ —— 1/4個
- ピーマン —— 1個
- パプリカ(赤) —— 1/2個
- 干ししいたけ —— 2枚
- A
  - 酢 —— 大さじ1
  - てんさい糖 —— 大さじ1
  - しょうゆ —— 小さじ1
  - 塩 —— 小さじ1/4
  - 干ししいたけのもどし汁＋出汁(p.60) —— 200ml
  - くず粉 —— 大さじ1 1/2
- 片栗粉 —— 大さじ1～2
- 揚げ油(菜種油) —— 適量
- ごま油 —— 少々

保存 当日中に食べきる

作り方

1. 干ししいたけは水でもどし(もどし汁は出汁と合わせて分量を用意する)、4等分に切り、車麩は水に浸してもどし、水気を絞って4等分に切る。しょうゆ、みりんに30分ほど漬けて下味をつける。
2. にんじんは乱切り、玉ねぎはくし形切り、ピーマンとパプリカは一口大に切り、それぞれさっと湯通しする。
3. 1の車麩の汁気を絞り、片栗粉をまぶし、180℃の油でカリッと揚げる。
4. フライパンにAを入れて中火にかけ、煮立ったら野菜としいたけを加えて2～3分ほど煮る。3の車麩を加えて混ぜ、仕上げにごま油をたらす。

高野豆腐のチンジャオロース

味のしみ込んだ高野豆腐とシャキシャキした野菜の組み合わせ。細切りの幅をそろえると見た目もきれいです。

材料(4人分)

- 高野豆腐 —— 2個
- 塩・こしょう —— 各少々
- 片栗粉 —— 適量
- ピーマン —— 3個
- パプリカ(赤) —— ½個
- にんにくのみじん切り —— 小さじ½
- しょうがのみじん切り —— 小さじ½
- A
  - 出汁(p.60) —— 100ml
  - しょうゆ —— 大さじ1
  - みりん・酒 —— 各大さじ1
  - 麦みそ —— 大さじ½
- ごま油 —— 適量

保存 当日中に食べきる

作り方

1. 高野豆腐は水に浸してもどし、水気を絞って細切りにする。塩、こしょうをふって片栗粉をまぶし、ごま油を熱したフライパンで揚げ焼きにする。
2. ピーマン、パプリカは細切りにする。フライパンにごま油を入れて熱し、にんにく、しょうがを弱火で炒め、香りが出てきたら、ピーマン、パプリカを加えて炒める。
3. 油がまわってきたら、1の高野豆腐、Aを加えてからめ、最後にごま油をまわしかける。

材料図鑑

にがり高野豆腐

国内産有機大豆を使用し、膨軟剤を使わずに作られた保存食。凝固剤に、にがりを使い、大豆イソフラボンやビタミンEなども豊富で栄養価が高い。歯ごたえのある食感で、肉のようなボリュームが出る。

サモサ

スパイシーな具を包んでカリッと揚げたインドの軽食です。
お弁当のおかずにはもちろん、おつまみにもおすすめ。

材料（15個分）
- じゃがいも ── 250g
- 玉ねぎ ── ½個
- グリンピース（水煮）── 50g
- A│カレー粉 ── 大さじ1
  │塩 ── 小さじ½
  │しょうゆ ── 小さじ1
- 春巻きの皮 ── 5枚
- 小麦粉 ── 適量
- 水 ── 適量
- 菜種油 ── 適量
- 揚げ油（菜種油）── 適量
- パクチー ── 適宜

保存 揚げる前の状態で冷凍庫で1週間

作り方

1. じゃがいもは皮をむいて一口大に切り、柔らかくなるまでゆでたら、水分をとばして粉ふきいもにし、熱いうちにつぶす。玉ねぎはみじん切りにする。
2. フライパンに菜種油を入れて熱し、玉ねぎを中火で炒め、きつね色になったらAを加えて炒める。火を止めて1のじゃがいもを混ぜ、グリンピースも加える。
3. 春巻きの皮を縦に3等分に切り、2の具材を等分にして皮の手前にのせる。小麦粉を同量の水で溶いたものを縁に塗り、三角形になるように折りたたむ。
4. 170〜180℃の油で色よく揚げる。好みでパクチーを添える。

野菜のおかず　YASAI NO OKAZU

焼きねぎのマリネ

レモンの酸味がさわやかです。
ねぎは柔らかく焼いて甘味を引き出します。

材料（作りやすい分量）
長ねぎ（白い部分） —— 3本
A｜レモン汁 —— 大さじ1½
　｜塩 —— 小さじ¼
オリーブオイル —— 20㎖
黒こしょう —— 適宜

作り方
1 長ねぎは5㎝長さに切る。
2 フライパンにオリーブオイルを入れて熱し、長ねぎを入れ、焼き色がついて柔らかくなるまで弱火で両面を焼く。
3 バットなどに**A**を入れて混ぜ、**1**のねぎを熱いうちにフライパンの油ごと加える。
4 粗熱が取れたら、冷蔵庫で4時間以上冷やし、味をなじませる。好みで黒こしょうをかける。

保存 冷蔵庫で3日

紫キャベツのマリネ

紫キャベツはお弁当の彩りにも活躍。
さっとゆでて、ほどよい食感を残します。

材料（作りやすい分量）
紫キャベツ —— ¼個
A｜米酢 —— 大さじ3
　｜てんさい糖 —— 大さじ3
オリーブオイル —— 大さじ1
塩 —— 小さじ1½
こしょう —— 適量

作り方
1 紫キャベツはスライサー（または包丁）でせん切りにする。
2 ボウルに**A**を入れて混ぜ合わせる。
3 沸騰した湯に塩ひとつまみ（分量外）を入れ、キャベツをさっとゆでる。ざるに上げて水気をきり、熱いうちに**2**に加えて混ぜる。
4 粗熱が取れたら、冷蔵庫で4時間以上冷やし、味をなじませる。

保存 冷蔵庫で1週間

小松菜とえのきのナムル

甘味と歯ごたえがあるブラウンえのき。
素材の味を生かしたやさしい味のナムルです。

材料(2~3人分)
小松菜 …… ½束
ブラウンえのき …… ½袋
（またはえのきだけ）
菊の花（食用）…… 適宜
A│ごま油 …… 大さじ1
 │薄口しょうゆ …… 小さじ¼
 │塩 …… 小さじ½

作り方
1 小松菜は沸騰した湯でさっとゆでてざるに上げ、冷めたら、水気を絞って3~4cm長さに切る。
2 えのきは石づきを取って3~4cm長さに切り、さっとゆでて水気をきり、冷ます。
3 ボウルにAを入れて混ぜ合わせ、1と2をそれぞれ3回くらいに分けて加え、あえる。好みで菊の花を飾る。

保存 冷蔵庫で1~2日

アボカドと枝豆のナムル

枝豆のポリポリした食感がたまらないおいしさです。
クリーミーなアボカドが全体をまとめてくれます。

材料(4人分)
アボカド …… 1個
枝豆 …… 50g（正味）
A│ごま油 …… 小さじ2
 │すりごま（白）…… 小さじ2
 │塩 …… ふたつまみ
 │にんにくのすりおろし …… 少々
煎りごま（白）…… 適宜

作り方
1 アボカドは2cm角に切る。枝豆は沸騰した湯で3~4分ゆで、さやから豆を取り出す。
2 ボウルにAを入れて混ぜ合わせ、1を加えてあえる。好みでごまをかける。

保存 当日中に食べきる

さつまいものメープルマスタード

粒マスタードにメープルシロップを合わせ、
穏やかな甘味とコクのあるソースに。

材料(2〜3人分)
さつまいも —— 1本
粒マスタード —— 大さじ1
メープルシロップ —— 大さじ½

作り方
1 さつまいもはよく洗い、1cm厚さの輪切りにして水にさらし、水気をきる。
2 ボウルに粒マスタード、メープルシロップを入れて混ぜ合わせる。
3 1のさつまいもを竹串がすっと通るまで蒸し、2に加えてあえる。

保存 冷蔵庫で2〜3日

柿と春菊の白あえ

ほろ苦い春菊に柿の甘味がよく合います。
柿と白あえ衣は食べる直前に混ぜましょう。

材料(4人分)
柿 —— 1個
春菊 —— ½束
薄口しょうゆ —— 少々
白あえ衣(p.83) —— 大さじ4

作り方
1 柿は皮をむき、いちょう切りにする。
2 沸騰した湯に塩ひとつまみ(分量外)を入れ、春菊をさっとゆでる。水気を絞って2〜3cm長さに切り、ボウルに入れて薄口しょうゆであえる。
3 食べる直前に2のボウルに柿を加え、白あえ衣を加えてざっくり混ぜる。

保存 当日中に食べきる

新じゃがの豆乳ヨーグルト

豆乳ヨーグルトは水きりするだけで、
クリームチーズのような味わいになります。

材料（4人分）

新じゃがいも —— 300g
揚げ油（オリーブオイル）
　　—— 適量
塩 —— 適量
豆乳ヨーグルト（p.21）
　　—— 50g
黒こしょう —— 少々

作り方

1 ボウルにざるを重ねてペーパータオルを敷き、豆乳ヨーグルトを入れ、数時間おいて水きりする。
2 新じゃがいもは皮をよく洗い、半分に切る（大きいものは4等分）。
3 水気をきった新じゃがいもを竹串がすっと通るまで素揚げにし、塩をまぶす。
4 3に1のヨーグルトをのせて軽くあえ、黒こしょうをふる。

保存 当日中に食べきる

かぶときゅうりの梅ダレあえ

梅干しを使ったタレでさっぱりといただきます。
きゅうりは板ずりをすると味がなじみやすいです。

材料（4人分）

かぶ　2個
きゅうり —— ½本
梅ダレ
　梅干し —— 2個
　玄米酢
　　—— 大さじ1
玄米水飴 —— 大さじ1
　（メープルシロップ
　　でも可）
出汁 —— 大さじ½
　（p.60、なければ水）
塩 —— 少々

作り方

1 かぶは薄めの乱切りにし、塩をもみ込む。かぶの葉はさっと蒸すかゆでて軽く水気を絞り、粗熱が取れたら小口切りにする。
2 きゅうりはまな板にのせて塩をまぶし、両手で軽く押さえながらころがして（板ずり）さっと洗い、薄切りにする。
3 梅干しは種を除いてつぶし、梅ダレの材料をボウルに入れて混ぜ合わせる。1のかぶと2のきゅうりを加えてあえる。

保存 冷蔵庫で2〜3日

材料図鑑｜玄米水飴
玄米を麦芽で糖化させる製法で作られた水飴。身体への吸収が穏やかで、カラメルのような香ばしさとコクがある。

なすとピーマンといんげんの甘辛炒め

〈デュカの材料（作りやすい分量）と作り方〉
ミックスナッツ（ローストしたもの）50gは粗みじん切りにする。クミンシード小さじ2、コリアンダーシード小さじ3は軽く煎り、コリアンダーは粗くつぶす。以上の材料と煎りごま（白）大さじ2、塩小さじ½を混ぜ合わせ、瓶に入れる（冷蔵庫で1カ月ほど保存可能）。

材料図鑑　クミン／コリアンダー

クミンは独特な強い香りとほのかな苦味があり、コリアンダーはさわやかな柑橘系の香りと甘みがある。シード（種子）、パウダー（粉末状）は好みで選ぶ。

野菜は別々に炒めるのが食感よく仕上げるコツです。
じっくり焼いて香ばしい焼き色をつけます。

材料（4人分）
なす —— 2本	A しょうゆ —— 大さじ2
ピーマン —— 2個	てんさい糖 —— 大さじ1
さやいんげん	酒 —— 大さじ1
—— 6本	ごま油 —— 適量

作り方
1 なすは1.5cm厚さの輪切りにし、水にさらす。ピーマンは一口大に切り、さやいんげんは3等分に切る。**A**は混ぜ合わせる。
2 フライパンにごま油を入れて熱し、水気をきったなすを並べて中火でじっくりと両面を焼き、取り出す。
3 同じフライパンでピーマンを**2**と同様に焼き目がつくまで炒めて取り出し、いんげんも同様に炒める。
4 **2**のなすをフライパンに戻して**A**を加え、強火で炒め合わせる。

保存 当日中に食べきる

なすとズッキーニのバジル炒め

中東発祥の調味料「デュカ」を使って
スパイシーな炒め物に仕上げます。

材料（4人分）
なす —— 1本	バジルの葉 —— 適量
ズッキーニ —— 1本	オリーブオイル —— 適量
デュカ（左記）—— 適量	

作り方
1 なすは1.5cm厚さの輪切りにし、水にさらして水気をきる。オリーブオイルを熱したフライパンに入れて中火でじっくりと両面を焼き、取り出す。
2 ズッキーニは1cm厚さの輪切りにし（好みで皮を縞模様にむく）、同じフライパンで**1**と同様に焼く。
3 フライパンに**1**を戻してデュカをふりかけ、軽く炒める。仕上げにバジルをちぎって散らす。

保存 当日中に食べきる

きんぴらごぼう

ごぼうだけのシンプルなきんぴらです。
甘辛い味つけとごまの風味でご飯がすすみます。

材料(4人分)

ごぼう —— 2本
A | しょうゆ —— 大さじ2
　| てんさい糖 —— 小さじ4
　| 酒 —— 小さじ4
煎りごま(白) —— 少々
ごま油 —— 大さじ1

作り方

1. ごぼうは縦に5〜6本切り込みを入れてささがきにし、水にさらしてざるに上げ、水気をきる。**A**は混ぜ合わせる。
2. フライパンにごま油を入れて熱し、ごぼうを中火で炒める。全体に油がまわってしんなりしたら**A**を加え、汁気がなくなるまで煮詰める。仕上げにごまをふりかける。

保存 冷蔵庫で3日

大根甘酒ソテー

大根は柔らかくゆでてから香ばしく焼きます。
玄米甘酒の深みのあるやさしい甘味がポイント。

材料(4人分)

大根 —— 12cm
昆布 —— 5cm角
玄米甘酒 —— 大さじ2
しょうゆ —— 大さじ1
ごま油 —— 適量
芽ねぎ —— 適宜

作り方

1. 大根は3cm厚さの輪切りにし、皮をむいて片面に十文字に隠し包丁を入れる。
2. 鍋に1の大根と昆布、大根がしっかりかぶるくらいの水を入れて強火にかける。煮立ってきたら中火にし、竹串がすっと通るくらい柔らかくなるまでゆで、昆布を取り除く。
3. 大根を半分に切ってペーパータオルで水気をふき取り、ごま油を熱したフライパンに並べて中火で両面に焼き色がつくまで焼く。
4. 玄米甘酒としょうゆを混ぜ合わせ、3にまわしかけてからめる。好みで芽ねぎを飾る。

保存 当日中に食べきる

材料図鑑 | 玄米甘酒

玄米から作られた甘酒。飲む点滴と呼ばれるほど栄養豊富。ここでは砂糖不使用でノンアルコールのものを使用。

季節のプレスサラダ

野菜を塩漬けにした手軽な漬け物です。
季節の生野菜を使ってアレンジしてみてください。

ホットサラダ

バルサミコ酢は煮詰めるだけで立派なソースに。
蒸し野菜はお好みのものでどうぞ。

材料(4人分)
- 紫キャベツ — 150g
- 赤玉ねぎ — 1/8個
- かぶ — 2個
- 塩 — 小さじ1 1/2〜2

作り方
1. 紫キャベツはせん切り、赤玉ねぎ、かぶは薄切りにする。ボウルに入れ、塩をふってよくもむ。
2. 重石をのせて30分ほどおき、水分が上がってきたら、そのまま冷蔵庫へ入れて4時間以上漬ける(水分が上がってこない場合は塩が足りないので足す)。
3. 水気を絞っていただく(塩気が足りない場合は塩を加える)。

保存 冷蔵庫で3〜4日

材料(4人分)
- スティックセニョール(またはブロッコリー) — 1/4株
- さつまいも — 7〜8cm
- れんこん — 5cm
- しめじ — 1/2パック
- エリンギ — 1/2パック
- 塩・こしょう — 各適量
- バルサミコ酢(p.29) — 適量
- オリーブオイル — 適量

作り方
1. スティックセニョールは食べやすい長さに切り、さつまいもは1cm厚さの輪切り、れんこんは7〜8mm厚さの半月切りにする。それぞれ竹串がすっと通るまで蒸す。
2. しめじはほぐし、エリンギは食べやすい大きさに裂き、オリーブオイルを熱したフライパンに入れて中火で炒める。塩、こしょうをし、1の野菜も加えて軽く焼き目がつくまで焼き、皿に盛りつける。
3. 2のフライパンにバルサミコ酢を入れて軽く煮詰め、2にかける。

保存 冷蔵庫で1〜2日

根菜の唐揚げ

根菜を大きめに切って
カラリと揚げた唐揚げ。
歯ごたえがよく、
野菜の甘味を存分に味わえます。

材料（2人分）
れんこん —— 80g
にんじん —— ½本
ごぼう —— 100g
A｜しょうゆ・みりん・酒
　　—— 各大さじ⅔
　｜にんにくのみじん切り
　　—— 少々
　｜しょうがのみじん切り
　　—— 少々
米粉（または片栗粉）—— 適量
揚げ油（菜種油）—— 適量

作り方
1　野菜はそれぞれ4〜5cm長さの棒状に切り、竹串がすっと通るまで蒸す。
2　ボウルにAを入れて混ぜ合わせ、1の野菜を加えてあえる。
3　2の野菜に米粉をまぶし、170〜180℃の油でカラリと揚げる。

保存　当日中に食べきる

生麩の天ぷら

しっとりと弾力のある生麩の食感は
天ぷらにもよく合います。
よもぎ入りではなく、
普通の生麩でもOKです。

材料（4人分）
生麩（よもぎ入り）—— 1袋
小麦粉・水 —— 各適量
揚げ油（菜種油）—— 適量

保存　当日中に食べきる

作り方
1　生麩を1cm厚さに切る。
2　小麦粉と水を1：0.8の割合で混ぜ合わせ、衣を作る。生麩をくぐらせ、170〜180℃の油でカラリと揚げる。

豆のおかず　MAME NO OKAZU

紫花豆煮

粒が大きく、ホクホクの食感がおいしい花豆。
圧力鍋を使うと短時間でふっくら煮えます。

材料(4人分)
紫花豆 …… 200g
てんさい糖 …… 100g
塩 …… ひとつまみ

作り方
1. 紫花豆はさっと洗い、たっぷりの水に浸けて1〜2日おく(豆のしわがのびるまでしっかりと浸水する)。
2. 水気をきった豆を圧力鍋に入れ、かぶるくらいの水を加えて圧力を15分弱かける(圧力鍋によって時間は調整。普通の鍋を使う場合は柔らかくなるまで煮る)。
3. 火を止めて圧力が下がったら煮崩れしないようにそっとざるに上げる。鍋に豆とひたひたになるくらいまで水を入れ、てんさい糖、塩を加えて弱火で10分ほど煮る。火を止めてそのまま冷まし、味を含ませる。

保存　冷蔵庫で3〜4日

大豆サラダ

豆がたっぷり食べられる栄養満点のサラダ。
風味がよくて甘味の強い青大豆を使いました。

材料(4人分)
青大豆 …… 200g
　(または大豆、ゆでたもの)
赤玉ねぎ …… 1/3個
きゅうり …… 1/2本
塩 …… 適量
こしょう …… 少々
豆乳マヨネーズ(p.17) …… 適量

作り方
1. 青大豆はつぶし、赤玉ねぎは粗みじん切りにして塩ひとつまみをまぶす(辛味が苦手な場合は水にさらし、水気を絞る)。
2. きゅうりは小口切りにして塩ひとつまみをまぶし、しんなりしたら水気を絞る。
3. ボウルに大豆、水気を絞った野菜を入れて塩、こしょうをし、豆乳マヨネーズを加えて混ぜる。

保存　冷蔵庫で2〜3日

材料図鑑 ｜ 青大豆
熟しても青い色をした大豆。普通の大豆よりもやや大粒で、油分が少なく、糖分が多いため、甘みが強いのが特徴。

レッドキドニービーンズとかぼちゃのホットサラダ

柔らかくて食べやすいレッドキドニービーンズ。
蒸したかぼちゃと合わせてサラダ仕立てに。

材料(4人分)
レッドキドニービーンズ(ゆでたもの)
　……100g
かぼちゃ……50g
A | 豆乳マヨネーズ(p.17)……大さじ2
　　| 豆乳ヨーグルト(p.21)……大さじ1
　　| 塩・こしょう……各少々
かぼちゃの種……適宜

作り方
1　かぼちゃは一口大に切り、竹串がすっと通るまで蒸す。
2　ボウルに**A**を入れて混ぜ合わせ、レッドキドニービーンズ、かぼちゃを加えてよくあえる。好みでかぼちゃの種を散らす。

保存 冷蔵庫で2〜3日

照り焼きテンペ

テンペをタレにからめるだけの簡単おかず。
豆の食感もよく、お腹にたまります。

材料(2〜3人分)
テンペ(p.62)……200g
A | しょうゆ……大さじ1
　　| みりん……大さじ1
　　| 酒……大さじ1
菜種油……適量

作り方
1　テンペは食べやすい大きさに切る。**A**は混ぜ合わせる。
2　フライパンに菜種油を入れて熱し、テンペを入れて弱火で火が通るまで焼く。
3　**A**をまわし入れ、煮からめる。

保存 当日中に食べきる

> 海藻のおかず　KAISOU NO OKAZU

れんこんとひじきのマスタードサラダ

れんこんを加えることで食べごたえも十分。
まろやかな酸味がおいしい洋風サラダです。

材料（4人分）
れんこん —— 70g
乾燥ひじき —— 10g
A｜豆乳マヨネーズ（p.17）
　　—— 大さじ1
　｜粒マスタード
　　—— 大さじ½
　｜麺つゆ（p.84）
　　—— 大さじ½

保存　冷蔵庫で2日

作り方
1　ひじきは水に20〜30分浸けてもどし、ざるに上げて軽く洗う。沸騰した湯でさっとゆで、水気をきる。
2　れんこんは縦半分に切って薄切りにする。沸騰した湯で1〜2分ゆで、ざるに上げて水気をきり、冷ます。
3　ボウルにAを入れて混ぜ合わせ、1のひじきと2のれんこんを加えてあえる。

ひじきとほうれん草のあえもの

生ひじきは柔らかくておいしいのでおすすめ。
水でもどす手間がいらないので調理もラクです。

材料（4人分）
ほうれん草 —— ½束
生ひじき —— 50g
ごま油 —— 大さじ⅔
しょうゆ —— 小さじ1

作り方
1　ほうれん草は沸騰した湯でさっとゆで、冷水に取って水気を絞り、食べやすい長さに切る。
2　生ひじきはよく洗い、水気をきる。
3　ボウルにごま油としょうゆを入れて混ぜ、水気を絞ったひじきとほうれん草を数回に分けて加え、あえる。

保存　冷蔵庫で1〜2日

自家製なめたけ

ご飯のおともにぴったりのなめたけ。
簡単に作れるので、ぜひお試しください。

材料（作りやすい分量）
えのきだけ —— 1袋
昆布 —— 10cm角
出汁（p.60） —— 60㎖
A｜しょうゆ —— 大さじ2
　｜みりん —— 大さじ2

作り方
1　昆布は水に浸けてもどし、せん切りにする。
2　えのきだけは石づきを取って半分の長さに切る。
3　鍋にえのき、昆布、出汁を入れて中火にかけ、えのきがくたっとしたらAを加えて3〜4分ほど煮る。

保存 冷蔵庫で1週間

昆布の佃煮

出汁を取ったあとの昆布を活用して佃煮に。
日持ちもするので常備しておくと便利です。

材料（作りやすい分量）
昆布（出汁で余ったもの） —— 100g
A｜しょうゆ —— 大さじ1
　｜みりん —— 大さじ1
　｜酒 —— 大さじ1
　｜米飴 —— 小さじ1
煎りごま（白） —— 適量

作り方
1　昆布はせん切りにし、鍋にAとともに入れて中〜弱火で汁気がなくなるまで煮る。仕上げにごまをふって混ぜる。

保存 冷蔵庫で1週間

炊き込みご飯 TAKIKOMI GOHAN

とうもろこしご飯

生のとうもろこしを玄米と一緒に炊き込むことで、
甘味が増してよりおいしくなります。

材料（2〜3人分）
玄米 —— 2合
とうもろこし —— 1本
水 —— 430mℓ（米の1.2倍量）
塩 —— ふたつまみ

作り方
1 玄米はp.59の要領で洗い、6〜8時間浸水する。とうもろこしは皮をむいて根元を切り落とす。
2 圧力鍋に玄米と分量の水、塩を入れ、とうもろこしを上にのせ（入らない場合は半分に切る）、p.59の要領で炊く（写真）。
3 とうもろこしを取り出して実を包丁で切り落とし、玄米ご飯に加えてざっくり混ぜる。

根菜の炊き込みご飯

炊く前に野菜を炒めてコクを出します。
しいたけのもどし汁も加えて旨味たっぷり。

材料（2〜3人分）
玄米 —— 2合
ごぼう —— 15cm
にんじん —— 5cm
れんこん —— 60g
干ししいたけ —— 2枚
水 —— 430mℓ（米の1.2倍量）
A 干ししいたけのもどし汁 —— 70mℓ
  しょうゆ —— 大さじ1½
  塩 —— ふたつまみ
ごま油 —— 少々

作り方
1 玄米はp.59の要領で洗い、6〜8時間浸水する。
2 ごぼうはささがきにし、にんじん、れんこんは薄いいちょう切りにする。干ししいたけは水でもどし（もどし汁は取っておき、分量を用意する）、薄切りにする。
3 圧力鍋にごま油を入れて熱し、ごぼうを入れて中火で炒め、油がまわったら、にんじん、れんこんを加えてさらに炒め、干ししいたけも加える。
4 3に玄米と分量の水、Aを加えてp.59の要領で炊く。

枝豆とひじきのご飯

定番のひじきご飯に枝豆を加えてボリュームアップ。
鮮やかな緑色が食欲をそそります。

材料（2〜3人分）
玄米 …… 2合
枝豆（さや入り）…… 250g
塩 …… 適量
乾燥ひじき …… 25g
水 …… 430ml（米の1.2倍量）
A｜しょうゆ …… 小さじ2
　｜みりん …… 小さじ2

作り方
1 玄米はp.59の要領で洗い、6〜8時間浸水する。ひじきは水に20〜30分浸けてもどし、ざるに上げて水気をきる。
2 枝豆は塩少々をまぶして洗い、沸騰した湯に塩ひとつまみを入れて3分ゆでる。ざるに上げて粗熱を取り、さやから豆を取り出す。
3 圧力鍋に玄米と分量の水、1のひじき、Aを入れてp.59の要領で炊く。炊き上がったら枝豆を入れてざっくり混ぜる。

甘栗としめじの炊き込みご飯

秋の味覚がギュッと詰まった炊き込みご飯です。
栗は半量くらい丸ごと入れると見た目も豪華に。

材料（2〜3人分）
玄米 …… 2合
甘栗 …… 20粒くらい
しめじ …… 1袋
水 …… 430ml（米の1.2倍量）
酒 …… 大さじ1
塩 …… 小さじ1

作り方
1 玄米はp.59の要領で洗い、6〜8時間浸水する。
2 甘栗は皮をむき、半量はそのまま、半量は割く。しめじはほぐす。
3 圧力鍋に玄米と分量の水、甘栗、しめじを入れ、酒、塩を加えてp.59の要領で炊く。

ALL PURPOSE SEASONING

保存できる 万能調味料

ドレッシングやタレなどの調味料を手作りすると、レパートリーが広がります。
野菜にかけたり、あえたりするだけでおいしくなるので、作っておくと便利です。

A 白あえ衣
B 麺つゆ
C 甘酒ねぎソース
D フレンチメープルドレッシング
E 玉ねぎドレッシング
F 田楽みそ

A 白あえ衣

裏ごしした豆腐にごまやみそを加えてコクを出しました。
豆腐はしっかりと水きりするのがポイントです。

材料（作りやすい分量）
木綿豆腐 —— ½丁
白練りごま —— 大さじ1
てんさい糖 —— 大さじ½
白みそ —— 小さじ1
薄口しょうゆ —— 小さじ⅓
塩 —— 小さじ⅓

作り方
1 木綿豆腐はしっかりと水きりをしてから、裏ごしをする。
2 1をすり鉢（またはボウル）に入れ、残りの調味料を加えて混ぜ合わせる（フードプロセッサーを用いてもよい）。時間が経つと水分が出るので食べる直前に具材とあえる。

保存 冷蔵庫で1～2日（早めに使いきる）

白あえ衣を使って
いちじくの白あえ

一口大に切ったいちじくに白あえ衣を添え、ディップのようにつけていただく。

B 麺つゆ

煮物や麺類など、いろいろな料理に使える麺つゆ。
みりんは煮きることで風味よく仕上がります。

材料（作りやすい分量）
出汁（p.60）…… 200㎖
しょうゆ …… 25㎖
みりん …… 25㎖

みりんは本みりんを使うと
まろやかでおいしい。

保存 冷蔵庫で2〜3日

作り方
1 出汁を鍋に入れて中火にかけ、温まったらみりんを加え、2〜3分沸騰させてアルコール分をとばす（煮きる）。
2 しょうゆを加え、煮立ったら火を止める。

麺つゆを使って

なすの揚げ出し

なすは縦半分に切って皮に細かく切り目を入れ、水にさらしてペーパータオルで水気をふき、素揚げにする。熱いうちに麺つゆに浸し、4〜5時間漬ける（翌日まで食べられる）。せん切りにした青じそをのせる。

C 甘酒ねぎソース

長ねぎやにんにくの風味でご飯がすすみます。
焦げやすいので熱しすぎないように注意しましょう。

材料(作りやすい分量)
長ねぎ —— 1本
A | 玄米甘酒(p.73) —— 100mℓ
　| しょうゆ —— 大さじ4
　| 酢 —— 大さじ1½
　| 酒 —— 大さじ1
　| にんにくのすりおろし —— 1片分
ごま油 —— 適量

保存 冷蔵庫で2〜3日

作り方
1 長ねぎは粗みじん切りにし、ごま油を熱したフライパンに入れ、中火で炒める。
2 しんなりしたら、合わせたAを加え、木べらで混ぜながら弱火で飴色になるまで煮る。

甘酒ねぎソースを使って

おにぎり

玄米ご飯でおにぎりを作り、上に甘酒ねぎソースをのせ、刻んだ万能ねぎをのせる。

D フレンチメープルドレッシング

メープルシロップの甘味やコクが野菜の味を引き立て、
サラダがおいしく食べられます。

材料（作りやすい分量）
オリーブオイル —— 50㎖
米酢 —— 25㎖
メープルシロップ —— 大さじ1
レモン汁 —— 大さじ1
塩 —— 小さじ¼
こしょう —— 少々

保存 冷蔵庫で1週間

作り方
1 オリーブオイル以外の材料を混ぜ合わせ、最後にオリーブオイルを少しずつ加えながら、とろりとするまでよく混ぜる。

フレンチメープルドレッシングを使って

フルーツサラダ

好みの野菜とフルーツ（ここでは、ハーブサラダ、ちぎったトレビス、半分に切ったマスカットや巨峰、ドライいちじく）をボウルに入れ、フレンチメープルドレッシングであえる。

E 玉ねぎドレッシング

玉ねぎをたっぷり使った香りのよいドレッシング。
かけるだけで食べごたえのあるおかずになります。

材料（作りやすい分量）
玉ねぎ —— 150g
しょうゆ —— 大さじ2
米酢 —— 大さじ2
菜種油 —— 大さじ2

保存　冷蔵庫で1週間

作り方
1　玉ねぎは一口大に切り、すべての材料をフードプロセッサーに入れて攪拌する。

――― 玉ねぎドレッシングを使って ―――

蒸し野菜

好みの野菜（ここでは、小房に分けたカリフラワー、一口大に切った新じゃがいも、乱切りにしたにんじん、1cm厚さに輪切りにした紫いも、縦に1.5cm幅に切ったパプリカ）を蒸し、玉ねぎドレッシングをかける。

F 田楽みそ

甘くて濃厚な田楽みそは、寒い季節にもぴったり。
野菜や豆腐などいろいろな素材をおいしくしてくれます。

材料（作りやすい分量）

八丁みそ —— 大さじ4
てんさい糖 —— 大さじ6
酒 —— 大さじ3
みりん —— 大さじ1½

保存 冷蔵庫で1カ月

使うときにかたくなっていたら、出汁(P.60)でのばして温めてください。

作り方

1 八丁みそは常温にもどし、柔らかくする。鍋にてんさい糖とともに入れ、なじむまで混ぜる。酒、みりんも加えてゴムべらで混ぜ合わせる（ダマになりやすいので火にかける前にしっかりと混ぜておく）。

2 鍋を中火にかけ、木べらで鍋底を混ぜながら焦げつかないように煮る。沸いてきたら火加減を調整しながら、どろっとするまで煮詰める。

田楽みそを使って

田楽なす

1.5cm厚さの輪切りにしたなす（米なす）に片栗粉をまぶし、素揚げにする。田楽みそを塗り、煎りごま（白）、ゆずのせん切りをのせる。

お弁当の詰め方

COLUMN 3

車麩のくるみフライ弁当 (p.14) で基本の詰め方を紹介します。
ご飯→メインおかず→副菜の順に詰め、カップなどはほとんど使いません。
葉野菜やラディッシュなどの野菜を仕切りや彩りのポイントに利用します。

1 ご飯を詰める

ご飯を詰める前におかずを入れるスペースを考えておく。

2 トレビスを敷く

フライなどの揚げ物や汁気のあるおかずは葉野菜を敷いておくとよい。

3 メインおかずを詰める

ここでは「車麩のくるみフライ」。大きいおかずから詰めるとバランスよくまとまる。少し立たせて立体感を出すのもポイント。

4 副菜1を詰める

ここでは「ひじきサラダ」。隙間を埋めるように詰め、彩りにラディッシュのスライス（水につけてから箸に巻きつけ丸めたもの）をのせる。

5 副菜2を詰める

ここでは「かぼちゃのきんぴら」。ベビーリーフを仕切りに使う。ご飯にのせてもOK。

6 副菜3を詰めて完成！

ここでは「おかひじきと枝豆のカレー豆乳マヨあえ」。ご飯に合うおかずは上にのせるとよい。全体のバランスを見ながら、彩りのポイントにラディッシュのスライス、ベビーリーフを散らす。

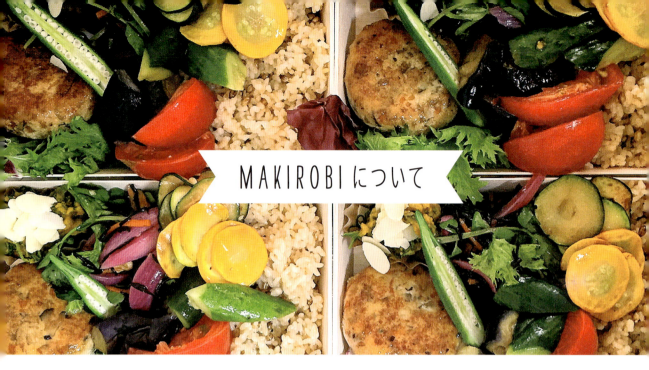

MAKIROBIについて

体調や要望に合わせて料理を作る

　「MAKIROBI（麻喜亮美）」の「麻」は環境の変化にも動じずまっすぐに伸びるたくましい植物の姿にちなんで。「喜」はおいしいと感じることが幸福につながること、「亮」は正しい食事をすると心が明るくなること、「美」は食生活をととのえることで身体と心の潜在的な美しさを引き出すという意味が込められています。

　MAKIROBIの活動は、撮影時などのお弁当や、結婚式の二次会、ホームパーティーやイベントなどのケータリングがメインです。また、パーソナルシェフとしてアレルギーや病気の方、生活に健康的な食事を取り入れたい方などの自宅に伺ってリクエストに応じた出張料理も作ります。いずれもお客さまの体調や好み、リクエストなどに合わせてメニューを考え、新鮮な旬の野菜と無添加の調味料、オーガニックの玄米を使った栄養バランスのよいマクロビオティック料理を作っています。

You are what you eat

　MAKIROBIでは、穀物や旬の野菜を中心とした日本食をベジタリアン以外の方にもおいしく食べてもらえるように、味つけを工夫して、和洋中のいろいろなメニューを日々考案しています。とくにお弁当は、ナチュラルな色合いの印象が強いマクロビオティックのイメージを払拭すべく、野菜の力強さを感じる色鮮やかな見た目を意識しています。

　マクロビオティックは身体を健康にするだけでなく、人間が本来持っている穏やかでやさしい心を取り戻すことも目的です。環境や身体にやさしい食事を取り入れることで、身体や心が軽くなったり、健やかになったり、人は変化していきます。そして大切なのは、身体は食べ物でできているということ。"You are what you eat"（食べ物で人は変わることができる）MAKIROBIの料理を通じて、食べ物によって人は変われるということを、少しでも多くの方に知っていただけたらうれしいです。

基本の調味料

素材の味を生かしたシンプルな料理だからこそ、調味料ひとつで味が驚くほど変わります。よく使う調味料は丁寧に作られた良質なものを選びましょう。

1. みりん
まろやかな甘味があり、料理に照りが出る。もち米、米麹、本格焼酎のみを原料とし、米の自然な甘さが味わえる「有機三州味醂」を使用。

2. 酢
酸味だけでなく、まろやかなコクや旨味がある米酢がおすすめ。京都の山里で農薬を使わずに栽培した米と水で作られた「純米富士酢」を使用。

3. みそ（白みそ、八丁みそ、麦みそ）
麦麹を使って発酵・熟成させ、独特な香りや旨味がある麦みそを基本に、上品でやさしい風味の白みそ、濃厚な風味の八丁みそを料理によって使い分けると幅が広がる。「マルクラ白みそ」「まるや三河産大豆の八丁味噌」「オーサワ有機立科麦みそ」を使用。

4.5. しょうゆ、薄口しょうゆ
普通のしょうゆ、煮物など素材の色をきれいに残したいときに使う薄口しょうゆをそろえておくとよい。伝統的なこだわりの製法でじっくりと熟成させて作られたものは深いコクがあり、香りも高い。「丸中醸造醤油」「梶田商店巽醤油うすくち」を使用。

6. 菜種油
あっさりとしながらもコクがあり、炒め物や揚げ物など幅広く使える。圧搾製法で搾った一番搾り油の「創健社 国内産 菜種油」を使用。

7. ごま油
ごまの風味とコクがある太白ごま油は無色透明で独特の香りがないので、いろいろな料理に使いやすい。「マルホン太白胡麻油」を使用。

8. メープルシロップ
サトウカエデの樹液を濃縮した自然甘味料。独特な風味があり、味に奥行きが出る。風味の強さによってさまざまな種類がある。

9. ごま
あえものやトッピングなどに常備しておくと便利。有機のものを選び、白、黒、煎りごま、すりごまは料理に合わせて使い分ける。

10. 練りごま
ごまをクリーム状にすりつぶしたもの。あえものなどに使用。まろやかでコクがある。黒もあるが、色に影響がない白が使いやすい。

11. 無調整豆乳
サラダなどに使用。料理に使うときは、飲みやすく調味した調整豆乳ではなく、大豆と水を原料とした成分無調整のものを選ぶ。

12. てんさい糖
北海道などで栽培される甜菜（砂糖大根）で作った砂糖。穏やかな甘味で、素材の味を引き立てる。オリゴ糖を含み、お腹にやさしい。

13. 塩
天日塩や岩塩などの天然塩は、塩気だけでなく旨味やコクがあっておすすめ。粒子が細かく、しっとりとした「海の精 あらしお」を使用。

14. くず粉
葛の根から取れるでんぷんを精製したもの。料理のとろみづけに使用。くず粉100％の本くずを選ぶ。粉末とブロックタイプがある。

食材別おかず INDEX

◉青じそ
油揚げのカラフル野菜巻き ─ 39
玄米海苔巻き ─ 51

◉油揚げ
油揚げのカラフル野菜巻き ─ 39

◉アボカド
生春巻き ─ 20
アボカドとほうれん草の海苔ごまあえ ─ 24
玄米海苔巻き ─ 51
アボカドと枝豆のナムル ─ 69

◉甘栗
甘栗としめじの炊き込みご飯 ─ 81

◉あらめ
あらめの炒め煮 ─ 12

◉いちじく
春菊といちじくのサラダ ─ 48

◉おかひじき
おかひじきと枝豆の
　カレー豆乳マヨあえ ─ 16
おかひじきあえ ─ 40

◉おから
おからナゲット ─ 53

◉柿
柿とかぶのサラダ ─ 44
柿と春菊の白あえ ─ 70

◉かぶ
柿とかぶのサラダ ─ 44
かぶときゅうりの梅ダレあえ ─ 71
季節のプレスサラダ ─ 74

◉かぼちゃ
かぼちゃ煮 ─ 12
かぼちゃのきんぴら ─ 17
かぼちゃコロッケ ─ 19
かぼちゃサラダ ─ 32
ごまコロッケ ─ 57
レッドキドニービーンズと
　かぼちゃのホットサラダ ─ 77

◉カリフラワー
カリフラワーのホワイトソース ─ 21

◉きのこ
たかきびハンバーグ ─ 23
きのことれんこんサラダ ─ 25
たかきび麻婆豆腐 ─ 27
きのこソテー ─ 28
春菊とえのきのごまあえ ─ 32
ひよこ豆の春巻き ─ 47
玄米海苔巻き ─ 51
根菜の煮物 ─ 53
豆腐ハンバーグ ─ 64
車麩の酢豚 ─ 65
小松菜とえのきのナムル ─ 69
ホットサラダ ─ 74
自家製なめたけ ─ 79
根菜と炊き込みご飯 ─ 80
甘栗としめじの炊き込みご飯 ─ 81

◉きゅうり
油揚げのカラフル野菜巻き ─ 39
切り干し大根のごまマヨあえ ─ 41
かぶときゅうりの梅ダレあえ ─ 71
大豆サラダ ─ 76

◉切り干し大根
切り干し大根のごまマヨあえ ─ 41

◉グリーンアスパラガス
アスパラ蒸し炒め ─ 36

◉車麩
車麩のくるみフライ ─ 15
車麩の竜田揚げ ─ 43
車麩の酢豚 ─ 65

◉紅心大根
生春巻き ─ 20
紅心大根の塩麹あえ ─ 37
おにぎり ─ 55

◉高野豆腐
高野豆腐のチンジャオロース ─ 66

◉ごぼう
根菜の煮物 ─ 53
きんぴらごぼう ─ 73
根菜の唐揚げ ─ 75
根菜の炊き込みご飯 ─ 80

◉小松菜
小松菜とえのきのナムル ─ 69

◉昆布
昆布の佃煮 ─ 79

◉さつまいも
大学いも ─ 45
さつまいも煮 ─ 56
さつまいものメープルマスタード ─ 70
ホットサラダ ─ 74

◉さやいんげん
なすといんげんのカレー炒め ─ 49
根菜の煮物 ─ 53
なすとピーマンといんげんの甘辛炒め ─ 72

◉じゃがいも、新じゃがいも
枝豆のポテトサラダ ─ 48
サモサ ─ 67
新じゃがの豆乳ヨーグルト ─ 71

◉春菊
春菊とえのきのごまあえ ─ 32
春菊といちじくのサラダ ─ 48
柿と春菊の白あえ ─ 70

◉新しょうが
新しょうがの甘酢漬け ─ 52

◉ズッキーニ
ズッキーニナムル ─ 13
野菜のマリネ ─ 40
和風ラタトゥイユ ─ 63
なすとズッキーニのバジル炒め ─ 72

◉スティックセニョール
スティックセニョールナムル ─ 52
ホットサラダ ─ 74

◉大根
ふろふき大根 ─ 56
大根甘酒ソテー ─ 73

◉大豆からあげ
大豆ミートの唐揚げ 甘酢漬け ─ 11

◉たかきび
たかきびハンバーグ ─ 23
たかきび麻婆豆腐 ─ 27

◉たけのこ
ひよこ豆の春巻き ─ 47

◎青梗菜
青梗菜のオイル蒸し ― 29

◎テンペ
テンペかつ ― 62

照り焼きテンペ ― 77

◎豆腐
たかきび麻婆豆腐 ― 27

豆腐ステーキ ― 35

おからナゲット ― 53

豆腐ハンバーグ ― 64

◎とうもろこし
とうもろこしご飯 ― 80

◎トマト、ミニトマト
野菜のマリネ ― 40

和風ラタトゥイユ ― 63

◎長ねぎ
たかきび麻婆豆腐 ― 27

ベジつくねの照り焼き ― 31

油揚げのカラフル野菜巻き ― 39

焼きねぎのマリネ ― 68

◎なす
野菜のマリネ ― 40

なすといんげんのカレー炒め ― 49

和風ラタトゥイユ ― 63

なすとピーマンといんげんの甘辛炒め ― 72

なすとズッキーニのバジル炒め ― 72

◎生麸
生麸の天ぷら ― 75

◎にら
春雨炒め ― 33

◎にんじん
にんじんラペ ― 24

春雨炒め ― 33

油揚げのカラフル野菜巻き ― 39

切り干し大根のごまマヨあえ ― 41

根菜の煮物 ― 53

豆腐ハンバーグ ― 64

車麸の酢豚 ― 65

根菜の唐揚げ ― 75

根菜の炊き込みご飯 ― 80

◎バジル
バジルペンネ ― 21

◎パプリカ
パプリカのバルサミコソテー ― 29

和風ラタトゥイユ ― 63

車麸の酢豚 ― 65

高野豆腐のチンジャオロース ― 66

◎春雨
春雨炒め ― 33

ひよこ豆の春巻き ― 47

◎ピーマン
車麸の酢豚 ― 65

高野豆腐のチンジャオロース ― 66

なすとピーマンといんげんの甘辛炒め ― 72

◎ひじき
ひじきサラダ ― 16

れんこんとひじきのマスタードサラダ ― 78

ひじきとほうれん草のあえもの ― 78

枝豆とひじきのご飯 ― 81

◎ペコロス
ペコロスとヤングコーン炒め ― 36

◎ほうれん草
アボカドとほうれん草の海苔ごまあえ ― 24

ほうれん草のくるみあえ ― 37

ほうれん草のピーナツバターあえ ― 45

ひじきとほうれん草のあえもの ― 78

◎豆
おかひじきと枝豆の
　カレー豆乳マヨあえ ― 16

ベジつくねの照り焼き ― 31

ひよこ豆の春巻き ― 47

枝豆のポテトサラダ ― 48

玄米海苔巻き ― 51

サモサ ― 67

アボカドと枝豆のナムル ― 69

紫花豆煮 ― 76

大豆サラダ ― 76

レッドキドニービーンズと
　かぼちゃのホットサラダ ― 77

枝豆とひじきのご飯 ― 81

◎紫キャベツ
生春巻き ― 20

紫キャベツのマリネ ― 68

季節のプレスサラダ ― 74

◎赤玉ねぎ、玉ねぎ
ひじきサラダ ― 16

かぼちゃコロッケ ― 19

たかきびハンバーグ ― 23

春雨炒め ― 33

ひよこ豆の春巻き ― 47

枝豆のポテトサラダ ― 48

和風ラタトゥイユ ― 63

豆腐ハンバーグ ― 64

車麸の酢豚 ― 65

サモサ ― 67

季節のプレスサラダ ― 74

大豆サラダ ― 76

◎モロヘイヤ
モロヘイヤのおひたし ― 57

◎大和いも
豆腐ハンバーグ ― 64

◎ヤングコーン
ペコロスとヤングコーン炒め ― 36

◎ラディッシュ
生春巻き ― 20

◎れんこん
れんこんの甘酢漬け ― 13

ひじきサラダ ― 16

きのことれんこんサラダ ― 25

ベジつくねの照り焼き ― 31

根菜の煮物 ― 53

ホットサラダ ― 74

根菜の唐揚げ ― 75

れんこんとひじきのマスタードサラダ ― 78

根菜の炊き込みご飯 ― 80

後藤麻希（ごとう・まき）

東京都出身。10代から料理の道へ入り、和食、洋食を中心にホテルや飲食店で経験を積み、パーソナルシェフとして独立。その後、マクロビオティックと出会い、クシマクロビオティック・クッキングインストラクターの資格を取得。料理家としての経験と自身のアイディアを融合させて独自のスタイルを開拓し、2014年MAKIROBI（麻喜亮美）を立ち上げる。色鮮やかな野菜を豊富に取り入れて作られる華やかな料埋は、おいしく健康になれると、モデル、芸能人などからも多くの支持を持つ。

MAKIROBI（麻喜亮美）
P92-93で紹介している一部調味料はマキロビのWEBサイトで購入できます。
http://www.makirobi.com

デザイン	藤田康平＋古川唯衣（Barber）
写真	清水奈緒
スタイリング	津金由紀子
取材	矢澤純子
協力	大石亮介
材料提供	株式会社シンギ
DTP	アーティザンカンパニー
校正	西進社
編集	櫻岡美佳

MAKIROBI弁当
野菜、玄米、豆類……おいしくて、ヘルシー！
手軽に作れるマクロビオティック

2017年2月22日　初版第1刷発行

著　者	後藤麻希
発行者	滝口直樹
発行所	株式会社 マイナビ出版
	〒101-0003 東京都千代田区一ツ橋2-6-3　一ツ橋ビル2F
	TEL　0480-38-6872 ［注文専用ダイヤル］
	03-3556-2731 ［販売部］
	03-3556-2735 ［編集部］
	URL　http://book.mynavi.jp
印刷・製本	シナノ印刷株式会社

ISBN978-4-8399-6104-6　C5077
©2017 Mynavi Publishing Corporation
©2017 Maki Goto
Printed in Japan

○定価はカバーに記載してあります。
○乱丁・落丁本はお取り替えいたします。
　お問い合わせは、TEL：0480-38-6872 ［注文専用ダイヤル］ または、電子メール：sas@mynavi.jpまでお願いします。
○内容に関するご質問等がございましたら、往復はがき、または封書の場合は返信用切手、返信用封筒を同封の上、マイナビ出版編集2部までお送りください。
○本書は著作権法上の保護を受けています。本書の一部あるいは全部について、著者、発行者の許諾を得ずに無断で複写、複製することは禁じられています。